高校教師のための
アクティブ・ラーニング

西川純
nishikawa jun

東洋館出版社

はじめに

本書を手に取っている方は、アンテナの高い人だと思います。

皆さんの勤務校の同僚の中にも「アクティブ・ラーニング」という言葉を知らない人は少なくないと思います。そして大学入試制度が変わり、それによって高校教育が激変し、さらには小・中学校にまでその影響が波及することを多くの人は知りません。

センター試験が廃止されることを知っている人も、大半が「まぁ、名前が変わる程度でしょ」と思っているのではないでしょうか。なにしろ受験産業の人でさえ、その程度の認識をもっている人が少なくないのですから。

しかし、皆さんは違います。おそらく文部科学省からの情報を得られる人、もしくはそれらの人から直接情報を得ている人を通じて**アクティブ・ラーニングに対する行政のただならぬ決意**を感じているのだと思います。

皆さんは正しいです。

今回は「まぁ、そこそこ」では済みません。日本が百数十年続けていた**今の授業のスタイルが大転換する**ことになります。若い人も中堅もベテランも理由は違えど、ものすごく苦労することになると思います。しかも、今回は逃げられません。

私と近い年代の方であれば「総合的な学習の時間」が始まる前、及び直後の騒動は覚えていると思います。大きな書店だと本棚二つくらいが「総合的な学習の時間」関係の本で埋め尽くされていました。どこかで「総合的な学習の時間」の授業公開があると聞けば、日本各地から参観者が集まってきました。先生方は「総合的な学習の時間って何?」「何をすればいいの?」と慌てふためいていました。

さて、今はどうでしょうか。「総合的な学習の時間」の本は、書店に何冊くらいあるでしょうか。授業公開に参加する人がどれだけいるでしょうか。

言うまでもなく、現在も「総合的な学習の時間」はあります。なのに、なぜこんなに変わってしまったのでしょうか。

みんな「まぁ、そこそこでいい」ということを知ってしまったからです。「総合的な学習の時間」の本当の理念を理解する人、実践できる人はそれほど多くありません。その理解していない、実践できない人たちが「総合的な学習の時間」を担当するのですから、そそこそこのことしかできません。気が付いてみれば、どの学校のどの先生も、そこそこのことをしています。結果として、それが問題になりません。そして、騒動は収まりました。

今、「道徳の教科化」がホットな話題です。しかし、本屋で道徳の本は多いでしょうか。道徳の研究会に参加する人は多いでしょうか。現在、小学校や中学校で道徳関係で商業的に成立している本はほとんどありません。そして高校では皆無です。

なぜでしょうか？

答えは明快。そこそこできると思っているからです。

教科化によって教科書はできるでしょうから、それを使ってそこそこのことをやればいいのです。評価も、指導要録を少し長めに書けばよいと思っています。そんな人がまわりに多いから、みんな安心しています。しばらくすれば、都道府県教育委員会が学校現場の現状に即したガイドラインを作るでしょう。そして現場の教師は、そのガイドラインに従えばいいのです。

しかし、今回は違います。

文科省は本気です。絶対にアクティブ・ラーニングを推進しようとしています。なぜ、そこまで言い切れるかというと、文科省はこれまで使ったことのない「一手」を打ってきたからです。

それは**大学入試**です。

大学入試は、都道府県教育委員会にはコントロールできません。一方、文科省は大学に対して厳しく大学入試制度を変えることを求めています。また、センター試験を廃止し、新しい試験を始めます。おそらく、傍目《はため》にはセンター試験と同じような問題が並ぶでしょう。つまり、今まで通りに、教師がしっかりと基礎・基本を教える授業でテストの点数は取れます。しかし、その新テストでは合否を決められないような仕掛けを組み込んでいます。今後は、各大学は特徴的な試験を行い、それで合否を決めることになります。

大学ごとの特徴的な試験で問われる能力は何でしょうか?

それが**「アクティブ・ラーニング」で育てられる能力**です。教師からの情報を受動的に受け入れることによって獲得できる能力ではありません。それは、教師からの情報を得られなくても、自らが情報を獲得し、自らがそれを発信できる能力です。

ですから、アクティブ・ラーニングで育てられない教師、学校（高校はもちろんのこと、小学校、中学校も）は子どもから、そして、保護者から見捨てられます。選択の余地は教師にも、学校にも、教育委員会にも与えられていません。

これは、とても大変な時代です。おそらく、終戦後に墨塗教科書で授業した教師と同じくらい、いや、それ以上の激変が来ます。

しかし、見方を変えれば大きな機会とも言えます。

ここで皆さんに、質問です。

皆さんは、数多の職業の中から教師を選んだのはなぜでしょうか。そして、その志は実現したでしょうか。

実は、アクティブ・ラーニングによって、あなたが諦めていた理想の教師人生が待っています。

さあ、始めましょう。

第5章　数学科におけるアクティブ・ラーニングの実践　93

第6章　英語科におけるアクティブ・ラーニングの実践　117

第7章　理科におけるアクティブ・ラーニングの実践　141

第8章　地歴・公民科におけるアクティブ・ラーニングの実践　163

第1章　アクティブ・ラーニングって何？

本書は、アクティブ・ラーニングの本です。皆さんはアクティブ・ラーニングを学びたいと思って本書を手に取っています。では、アクティブ・ラーニングとは何でしょうか。

下村博文文部科学大臣が次期学習指導要領の諮問をしたことがニュースになったとき、はじめて多くの人がその言葉を知りました。

皆さんはアクティブ・ラーニングという言葉をこれまで聞いたことがありますか。大学の教職科目でそんな言葉を聞いたことがありますか。ないと思います。おそらく世界中の学術論文を探せば、アクティブ・ラーニングという言葉を使っている人はいるかもしれません。しかし、大学の教職科目で教えないようなことに、一国の教育を任せるわけがありません。

アクティブ・ラーニングは造語です。その造語の意味を知るには、まずは文科省の定義を知らなければいけません。

まずは公文書を読みましょう

今、皆さんは「法」で定められた学校教育でのアクティブ・ラーニングを学ぼうとしています。そこで、最初に公文書を読んでみましょう。

公文書におけるアクティブ・ラーニングの定義は、平成二十四年八月二十八日に発表された「新たな未来を築くための大学教育の質的転換に向けて～生涯学び続け、主体的に考える力を育成する大学へ～（答申）」の用語集に書いてあります。

つまり、大学教育及び大学入試に関する答申に書かれていることが、アクティブ・ラーニングの意味していることの深いところですが、それはさておいて、まずは次の定義を読んでみましょう。

教員による一方向的な講義形式の教育とは異なり、学修者の能動的な学修への参加を取り入れた教授・学習法の総称。学修者が能動的に学修することによって、認知的、倫理的、社会的能力、教養、知識、経験を含めた汎用《はんよう》的能力の育成を図る。発見学習、問題解決学習、体験学習、調査学習等が含まれるが、教室内でのグループ・ディスカッション、ディベート、グループ・ワーク等も有効なアクティブ・ラーニングの方法である。
※アクティブ・ラーニングでは主体的な学習を、学修という言葉で表現しています。

この種の公文書を読み解く際に重要なのは、美辞麗句は読み飛ばし、**本質的な部分を引き出す**ことです。国の公文書は思いっきりで書いていません。一字一句吟味され、検討されて書かれています。国会で追及されそうな部分は曖昧にし、美辞麗句で装飾します。しかし、ハッキリと言い切っているところもあります。ハッキリと言い切るということは決意と意味があります。繰り返しますが、国は思いっきりで公文書を書きません。だから、美辞麗句を除外し、ハッキリと言い切っていることはどこかを見極めて読めば文書の真意がわかります。

大事なポイントは？

学習指導要領が変わると学校現場は「何をすればいいの？」と、最初に具体的な方法を知ろうとします。「総合的な学習の時間」も「言語活動の充実」も「道徳の教科化」も同じです。では、アクティブ・ラーニングはどのような方法だと書いてあるかを読みましょう。注目していただきたいのは、具体的な方法に関しては、発見学習、問題解決学習、体験学習、調査学習、教室内でのグループ・ディスカッション、ディベート、グループ・ワークが列記され、最後に「等」が付けられています。そして、「教授・学習法の総称」とまとめています。つまり、「なんでもあり」なのです。先に述べたように、国は思いつきで公文書を書きません。方法を限定することを「意図的」に避けているのです。

しかし、本当はなんでもありではありません。「教員による一方向的な講義形式の教育とは異なり、学修者の能動的な学修への参加を取り入れ」なければなりません。そして、「認知的、倫理的、社会的能力、教養、知識、経験を含めた汎用的能力の育成」をしなければならないのです。

発見学習、問題解決学習、体験学習、調査学習、教室内でのグループ・ディスカッション、ディベート、グループ・ワークであっても、**「教員による一方向的な講義形式の教育とは異なり、学修者の能動的な学修への参加を取り入れ」ていなければアウト**です。

例えば、教師が綿密な指導案を作成し、その指導案通りに子どもが動く、現状の発見学習、問題解決学習、体験学習、調査学習、教室内でのグループ・ディスカッション、ディベート、グループ・ワークはアウトなのです。

現状の発見学習、問題解決学習、体験学習、調査学習、教室内でのグループ・ディスカッション、ディベート、グループ・ワークは、認知的能力の成長を願っているか、倫理的、社会的能力の成長を願っているかのいずれかだと思います。

電流と電圧の関係を発見学習で学んでいるとき、子どもの倫理的能力の成長は期待していないのが一般的です。しかし、「認知的、倫理的、社会的能力、教養、知識、経験を含めた汎用的能力の育成」をしなければアウトなのです。

こう考えれば、なんでもありのように見せかけていますが、実はなんでもありではありません。

アクティブ・ラーニングの必須条件

　先に述べたように、アクティブ・ラーニングであるためには「教員による一方向的な講義形式の教育とは異なり、学修者の能動的な学修への参加を取り入れ」なければなりません。つまり、教師がいろいろとお膳立てをした発見学習、問題解決学習、体験学習、調査学習、教室内でのグループ・ディスカッション、ディベート、グループ・ワークはアクティブ・ラーニングではありません。

　おそらく教師がいろいろと準備・お膳立てしないと「発見学習、問題解決学習、体験学習、調査学習、教室内でのグループ・ディスカッション、ディベート、グループ・ワーク」はうまくいかないと思う方が大多数だと思います。そして、その準備・お膳立てが教師の仕事だと思っている方が大部分だと思います。

　しかし、無理か無理でないかの問題ではなく、そのようなものはアクティブ・ラーニングではないのです。お膳立てをする教師にとってはアクティブ（能動的）・ラーニングかもしれませんが、子どもにとってのアクティブ・ラーニングではありません。子どもにとってはパッシブ（受動的）・ラーニングです。

また、「認知的、倫理的、社会的能力、教養、知識、経験を含めた汎用的能力の育成」をしなければなりません。いろいろありますが、「認知的能力」と「倫理的能力」に着目しましょう。**アクティブ・ラーニングでは、二つの能力を同時に育てなければいけません。**

つまり、微分・積分の授業の中で、「君たちの行動は倫理的か？」と教師が子どもに問える授業がアクティブ・ラーニングなのです。逆に言えば、「君たちの行動は倫理的か？」と子どもに問うことによって、枕草子の解釈が深まる授業がアクティブ・ラーニングなのです。

そんなことは無理だと思うのではないでしょうか？

そして、今まで通り、「認知的能力は教科学習で、倫理的能力は道徳やホームルームや部活で指導し、それらを学校教育全体の中で融合する」と言いたいところだと思います。しかし、それはアクティブ・ラーニングではないのです。

そんなことは無理だと思うでしょう。でも、無理だと思って今まで通りの授業をした場合、子どもの未来を閉ざしてしまいます。

どんな能力を育てたいのか

実はアクティブ・ラーニングの発端は、下村文部科学大臣の諮問に始まるのではありません。先に述べたように、平成二十四年八月二十八日に発表された「新たな未来を築くための大学教育の質的転換に向けて〜生涯学び続け、主体的に考える力を育成する大学へ〜（答申）」という大学入試にかかわる答申に端を発することが象徴的に現れています。

ものすごく簡単に言えば、日本の生き残りのために、**国際的にも活躍できる人材を早急に養成しよう**とするのが国の方針です。文科省の様々な施策は一見バラバラに見えたとしても、それは上記のための施策なのです。ＳＧＨ（スーパーグローバルハイスクール）もＳＳＨ（スーパーサイエンスハイスクール）もそうです。スーパーグローバル大学創成支援事業もそうなのです。

具体的には、オックスフォードやケンブリッジ、また、アメリカのアイビーリーグでの人材養成を日本でもしなければならないと思っているのです。そしてそれは、経済・産業界からの要請です。だから、大学教育を変えるとともに、その大学教育に耐えられる人材を選別する入試をしようとしているのです。

では、オックスフォードやケンブリッジ、アメリカのアイビーリーグでは、どんな試験を実施しているのでしょうか。

簡単な例を挙げると、「世界政府はなぜできないのか?」という質問に子どもたちは答えなければなりません。また、「駐車違反をした人を死刑にするという法律が成立した。そのため、駐車違反はなくなった。このことは正しいことだろうか?」という問題に答えなければならないのです。

それを集団面接やプレゼンテーションですることを求められるのです。そのような問いに他の人と協力して答えられる人材を経済・産業界は求めているのです。

では、今まで通り、「認知的能力は教科学習で、倫理的能力は道徳やホームルームや部活で指導し、それらを学校教育全体の中で融合する」で、そのような人材は育てられるでしょうか。育てられません。

「認知的、倫理的、社会的能力、教養、知識、経験を含めた汎用的能力の育成」が美辞麗句ではなく、本気であることがわかっていただけたでしょうか?

学校で取り組む場合に必要なこと

商品が売れて一般化する過程に関する研究が経営学にあります。エベレット・ロジャーズやジェフリー・ムーアの理論が有名です。両者とも消費者を**「イノベーター」「アーリーアダプター」「アーリーマジョリティ」「レイトマジョリティ」「ラガード」**に分けて分析しています。これらは商品を買う順番で、「イノベーター」は新製品が出ると、とりあえず購入し使ってみる人です。

「ラガード」は最後まで買わない人です。その詳細は誌面の関係で割愛しますが、重要なのは、最初に商品を購入する「イノベーター」「アーリーアダプター」と、それ以降に商品を購入する「アーリーマジョリティ」「レイトマジョリティ」「ラガード」では行動が違うことです。

全消費者の16%を占める前者は、ある商品を使いこなすためには苦労は厭《いと》いませんし、少々の失敗ですぐに諦めません。一方、全消費者の84%である後者は、使いこなすために苦労することを嫌がります。苦労するような商品は買いません。したがって、ある商品が一般化するためには、簡単に、確実に使える商品であることが求められます。

例えば、スマートフォンを思い出してください。売り出した当初はかなり高額でした。そこにインストールできるソフトの中には、使い勝手の悪いものもありました。そもそもソフトの使い方の本はなく、ネットで検索し、英文の説明を読んで使う人たちが最初に使いました。しかし、そのままだったらスマートフォンは広がりません。

今では定番のアプリがあります。それらだったら身近にいる「得意」な人に相談すればすぐに解決してくれます。自分で調べようとしたときに役に立つ、素人向けの本も用意されています。

アクティブ・ラーニングのような教授・学習法も同じです。

本書を手に取っている方々は「イノベーター」「アーリーアダプター」だと思います。だから皆さんだったら苦労しても学び取るでしょう。しかし、皆さんの学校には「アーリーマジョリティ」「レイトマジョリティ」「ラガード」が多数を占めています。その方々に皆さんと同じだけの苦労を求めても絶対に拒否されるでしょう。

「アーリーマジョリティ」のために何が必要か

経営学の研究によれば、「アーリーマジョリティ」に受け入れてもらうことが、商品を一般化するためのポイントです。

「アーリーマジョリティ」に受け入れてもらえば、受け入れた人は50%になります。そうすれば、早晩、34%のレイトマジョリティも受け入れます。16%の「ラガード」は、なんのかんのと言って使いません。しかし、そうだとしても84%が受け入れれば全体としては受け入れている状態になります。

ポイントは「アーリーマジョリティ」なのです。彼らに受け入れてもらうためには簡単で確実である必要があります。

そのためには、**「その教授・学習法には理論がある」**ことが必要です。個人的経験に基づく教授・学習法では、ある人にはできて、ある人にはできないことが起こり、そして、それがなぜなのかを明らかにできません。

また、**「実践して成功した人が多い」**ことが必要です。ある実践者・研究者の実践をやってみたら効果がなく、その理由を知りたいときに、「私はできるのだから、できないのはあなたがおかしい」と言われても困りますよね。また、研究者に「理論的には効果が出るはずだ」と言われても困りますよね。また、「実践者や研究者に長期間にわたって直接指導を受けた人はできる」でも困りますよね。

さらに、**「実践する場合に必要な情報が誰でも手に入れられる」**ことも必要です。何かわからないことがあるたびに、その開発者・提唱者に質問することはできません。また、難しげな学術論文をアーリーマジョリティは読みません。

最後に、**「単純で効果が早く出るもの」**でなければなりません。それが効果を出すまでに半年もかかるのでは続けられません。加えて、その方法が複雑で十数ステップが必要ならばやろうと思われないでしょう。

このように、条件を挙げて考えてみると暗い気持ちになるのではないでしょうか?

ご安心ください。すべての条件を満たすものがあります。

それは『**学び合い**』(二重括弧の学び合い)です。

第2章 アクティブ・ラーニングの全体の流れ

本章では、アクティブ・ラーニング（『学び合い』）による授業の進め方について、簡単に説明します。おそらく中学校・高校の先生が最もイメージしやすいのは部活です。その部活でやっていることを教科学習でやっているのがアクティブ・ラーニングだと思ってください。

考えてみてください。顧問による一方向的な講義形式の部活はあり得るでしょうか。あり得ません。部員の能動的な部活への参加が、部活の成否を決めるのは当然です。

野球部に入れば野球を学べます。しかし、それのみではありません。人とのつき合い方、協働して問題解決する能力を獲得できます。つまり「認知的、倫理的、社会的能力、教養、知識、経験を含めた汎用的能力の育成」をしているのです。

部活で考えてみる

本章では、アクティブ・ラーニングのやり方を簡単に説明します。

先に述べたように、現場の学校教育で最も近いのは部活です。したがって、部活を手がかりに説明したいと思います。しかし、教育は学校教育の専売特許ではありません。職場にも教育はあります。

例えば、職員室で我々は教師の職能を学びます。我々は現職教員にとって仕えやすかった校長と、仕えづらかった校長の特徴をインタビューで調査したことがあります。その結果は、アクティブ・ラーニングで示されるものと完全に一致しています。

次の文章の顧問を御校の校長に、そして部員たちを自分たちに置き換えて読んでみるとおもしろいですよ。

なお、本章はアクティブ・ラーニングの入門書に関しては共通の部分です。したがって、『学び合い』関係の類書でお読みになった方は読み飛ばしていただいても結構です。

野球部等の部活の流れは、次のようなものではないでしょうか？

顧問が来る前に部員たちが自分のできる準備をしています。

顧問登場。**顧問は部活の意味を語ります。**例えば、この部活で全国優勝しても、この競技のプロになるわけではなく、したがって、それで生活できるわけではありません。ではなんのために、この部活をしているのでしょうか。それは**人生での生き方を学び、一生涯の友を得るため**だと語ります。

そのようなものを得るためには、ともに困難を乗り越える経験が大事です。それによって困難を乗り越える能力と、一緒に困難を乗り越える仲間を得られます。楽しいだけの部活では、本当の仲間は得られません。だから、試合結果にこだわる必要があります。しかし、試合に勝つことが最終的な目的ではなく、ともに戦い、そして困難を乗り越えることが大事であることを語ります。つまり、チームであることを強調するわけです。このことは常に語り続ける必要があります。目的の整理がなされていないと、誰が試合に出るか、誰が試合に出ないかでもめることがあります。

次に、この一年の流れを説明し、県大会、地区大会がいつあって、それに向かって自らの頭を使って主体的に練習することを求めます。その上で、今日やるべきことを示します。
このすべてを語ることは節目節目であり、いつもは今日やるべきことを示すにとどめます。したがって、顧問の語る時間は五分程度です。そして、練習が始まります。この段階でこの日の練習終了時間の指定をします。なお、部活の凝縮力が高まれば、毎回の課題を顧問が用意するのではなく、部員が主体的に練習プログラムを作れるようになれますし、顧問も任せるようになります。

グラウンドの中では、部員が自分の課題を意識しつつ様々な練習をしています。技術のある部員が他の部員を教えることもあります。しかし、教えるばかりではなく、自らも練習します。このあたりのバランスは、その場、その状況に合わせて一人ひとりが主体的に考えて判断します。顧問は部員が練習している中をゆっくりと歩きます。また、グラウンドの端に座っています。ボーっと見ているように見えます。しかし、**顧問のちょっとした仕草で部活の雰囲気はがらりと変わります**。なぜでしょうか?

部員の二割は、部をリードしている子どもです。そのような部員は、ちらちらと顧問の様子を見ています。どこを見ながら苦々しげにしているか、どこを見ながらニコニコしているか、それによってこの日の練習の課題がどこにあるかを知ります。

そのような部員は「なんであんなところまで顧問は見て取れるのだろう。千里眼だ」と思い畏怖します。自分たちがちょっとでも手を抜けば、それをさっと見て取れるからです。

しかし、手品にはタネがあります。静かに座って、板書をノートに取る授業と違って、子どもたちは自由です。真面目な子は真面目になります。不真面目な子は不真面目になります。そして、不真面目な子は練習の手が止まります。さらに、ちょっとしたコツを覚えておけば、様々な兆候は見て取れます。

例えば、リードしている子どもが手を抜き始めると、毎回の練習で特定の気の合う仲間と練習し始めます。そして、グラウンドに散らばる部員全員をチェックする視線の動きがなくなります。そんなところに着目するから、見ていないようで見て取れます。

部員の六割は、それなりに練習する子どもです。主体的に動くとは限りません。しかし、先の二割の部員から指示されることは正しいことであろうと思っています。顧問の語っている言葉の意味がわからないこともありますが、先の二割の部員がその意味をわかりやすく説明してくれます。

残りの二割の部員は、この部活に熱意があるわけではありません。なんとなく友達が入ったから勢いで入ってしまったという部員です。適当に時間を過ごしたいと思っています。

しかし、リードする二割プラス中間層の六割、合わせて八割の部員が一生懸命に練習しており、また、自分に「一緒にやろう」と声をかけてくるので休めません。

この部活自体はそれほど好きではないですが、みんなと一緒に何かをすることは楽しいので部活が続きます。最初に与えられた練習終了時間が近づくと、時間を意識して後始末をし始めます。練習終了時間になるとみんなが整列し顧問を待ちます。

そこに顧問が登場します。顧問はその日見て取った様々なことを練習時間ずっと頭の中で整理します。そして、その日に語るべきものは何かをギリギリまで精選します。なぜなら、だらだらと指示を与えても無駄だからです。

短い言葉で部員、**特にリードする二割の部員の心にやる気を起こさせる言葉は何かを考えます**。すべてを語る必要はありません。部活の指導は長期スパンの中で考え、その中でその日の指導を位置づけるからです。

このようなサイクルを繰り返します。

その中で集団の凝縮力を高めます。集団の凝縮力が上がれば、顧問が細かいことを言わなくても部員たちが支え合うからです。

アクティブ・ラーニングの流れ

アクティブ・ラーニングの授業の流れは次のようなものです。

教師が来る前に生徒たちが自分のできる準備をしています。

教師登場。**教師は授業の意味を語ります。**例えば、この授業で満点を取っても、この教科のプロになるわけではなく、したがって、それで生活できるわけではありません。では、なんのためにこの授業をしているのでしょうか。それは**人生での生き方を学び、一生涯の友を得るため**だと語ります。

そのようなものを得るためには、ともに困難を乗り越える経験が大事です。楽しいだけのクラスでは、本当の仲間は得られません。だから、テスト結果にこだわる必要があります。しかし、テストで高い点数を取ることが最終的な目的ではなく、ともに学び、そして困難を乗り越えることが大事であることを語ります。つまり、チームであることを強調するわけです。このことは常に語り続ける必要があります。このあたりの目的の整理がなされていないと、誰が内申書の点数が高くて誰が低いのかなどでもめたりします。

次に、この一年の流れを説明し、定期テスト、大学入試がいつあって、それに向かって自らの頭を使って主体的に学修することを求めます。その上で、今日やるべきことを示します。

このすべてを語ることは節目節目であり、いつもは今日やるべきことを示すにとどめます。したがって、教師の語る時間は五分程度です。そして、学修が始まります。この段階でこの日の学修終了時間の指定をします。なお、クラスの凝縮力が高まれば、毎回の課題を教師が用意するのではなく、生徒が主体的に学修プログラムを作れるようになれますし、教師も任せるようになります。

教室の中では、生徒が自分の課題を意識しつつ様々な学修をしています。その教科が得意な生徒が他の生徒を教えることもあります。しかし、教えるばかりではなく、自らも学修します。このあたりのバランスは、その場、その状況に合わせて一人ひとりが主体的に考えて判断します。

教師は生徒が学修している中をゆっくりと歩きます。また、教室の端に座っています。ボーっと見ているように見えます。しかし、**教師のちょっとした仕草でクラスの雰囲気は**

がらりと変わります。なぜでしょうか？

生徒の二割は、クラスをリードしている子どもです。そのような生徒はちらちらと教師の様子を見ています。どこを見ながら苦々しげにしているか、どこを見ながらニコニコしているか、それによってこの日の学修の課題がどこにあるかを知ります。

そのような生徒は「なんであんなところまで教師は見て取れるのだろう。千里眼だ」と思い畏怖します。自分たちがちょっとでも手を抜けば、それをさっと見て取れるからです。

しかし、手品にはタネがあります。静かに座って、板書をノートに取る授業と違って、子どもたちは自由です。真面目な子は真面目になります。不真面目な子は不真面目になります。そして、不真面目な子は学修の手が止まります。さらに、ちょっとしたコツを覚えておけば、様々な兆候は見て取れます。

例えば、リードしている子どもが手を抜き始めると、毎回の学修で特定の気の合う仲間と学修し始めます。そして、教室に散らばるクラスメート全員をチェックする視線の動きがなくなります。そんなところに着目するから、見ていないようで見て取れます。

生徒の六割は、それなりに学修する子どもです。主体的に動くとは限りません。しかし、先の二割の生徒から指示されることは正しいことであろうと思っています。教師の語っている言葉の意味がわからないこともありますが、先の二割の生徒がその意味をわかりやすく説明してくれます。残りの二割の生徒は、この授業に熱意があるわけではありません。なんとなくクラスに所属している生徒です。適当に時間を過ごしたいと思っています。しかし、リードする二割プラス中間層の六割、合わせて八割の生徒が一生懸命に学修しており、また、自分に「一緒にやろう」と声をかけてくるので休めません。

この学修自体はそれほど好きではないですが、みんなと一緒に何かをすることは楽しいので学修が続きます。最初に与えられた学修終了時間が近づくと、時間を意識して後始末をし始めます。学修終了時間になるとみんなが整列し教師を待ちます。

そこに教師が登場します。教師はその日見て取った様々なことを学修時間ずっと頭の中で整理します。そして、その日に語るべきものは何かをギリギリまで精選します。なぜなら、だらだらと指示を与えても無駄だからです。

短い言葉で生徒、**特にリードする二割の生徒の心にやる気を起こさせる言葉は何かを考えます**。すべてを語る必要はありません。授業の指導は長期スパンの中で考え、その中でその日の指導を位置づけるからです。

以上のように見ていくと、アクティブ・ラーニングは部活と完全に一致するのです。

アクティブ・ラーニングの様子

では、アクティブ・ラーニングの具体的な流れを紹介します。

黒板にはその日の課題を書いておきます。

時間短縮のために、その日の課題をプリントに印刷し、それを子どもたちに配布し、ノートに貼らせることもできます。事前にそのプリントを教卓に置き、子どもたちにそれを持って行かせノートに貼らせるならば、配る時間、貼る時間を短縮することもできます。さらに、事前に渡しておけば、クラスをリードする子が予習をします。

黒板にはネームプレートを用意しています。黒板には「できた」「達成」等の文字を書きます。達成した人は、そこにネームプレートを移動します。これによって、**「子どもたち」（教師ではありません）が、誰ができて、誰ができないかがわかります。**

ここで教師が最初に語ります。

既に課題を与えているので、細かく説明する必要はありません。どうしても説明が必要な場合は、プリントにその説明を書きます。なぜなら、長々と説明しても聞かない子は聞きません。一方、教師の説明をちゃんと聞く子はプリントで渡されてもそれを読みます。そのような子が教師の説明を聞かない子に説明してくれるからです。その代わり、**全員達成が大事であること**を繰り返し語ります。だから、話す時間は数分です。五分も語れば子どもたちはだれます。

語り終わると「さあ、どうぞ」で子どもたちに任せます。彼らは最初は自分の課題を達成することに集中

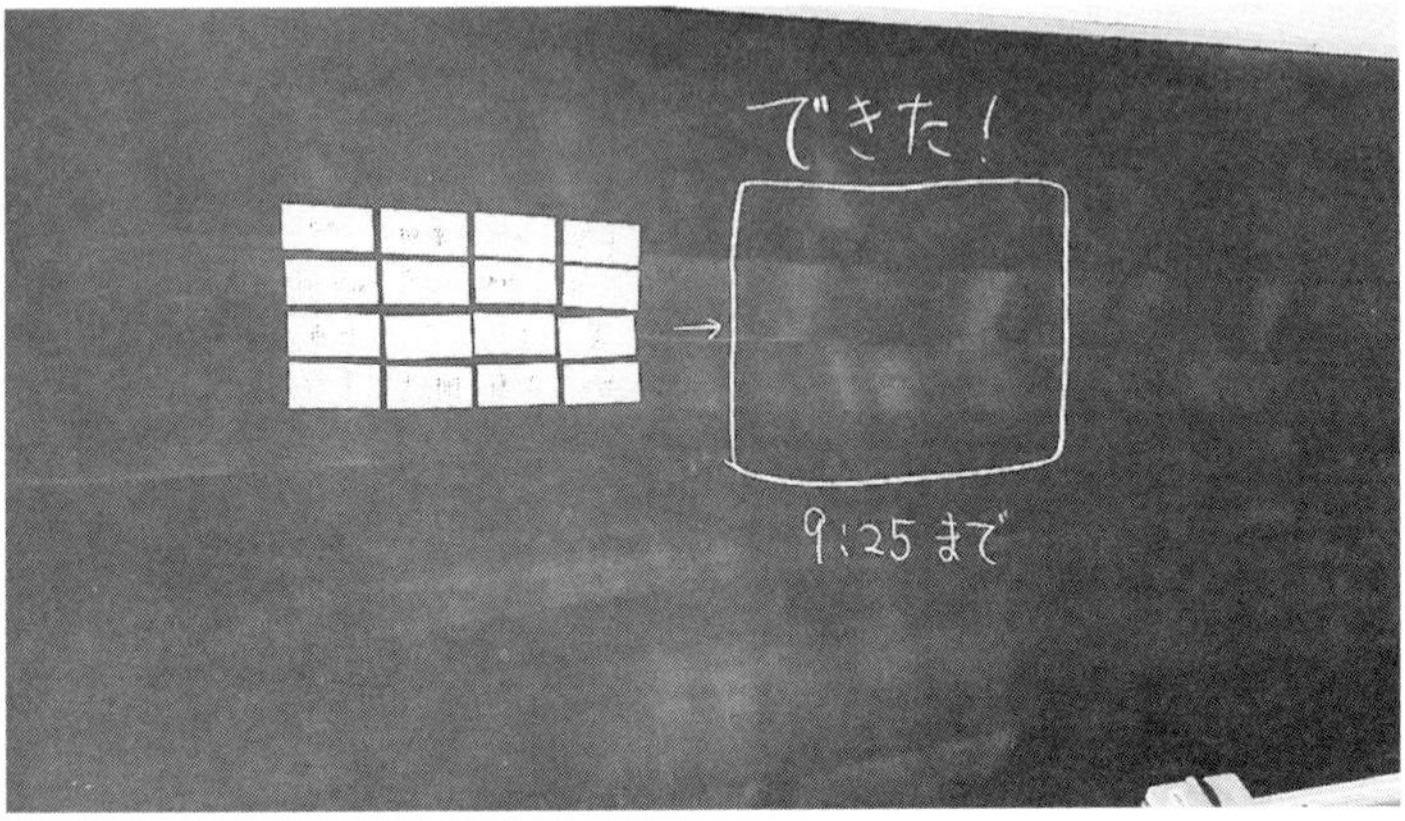

します。そして、近くの子ども同士が話し合います。つまり、座っている状態です。

十五分程度経過すると、そのクラスの成績上位の子どもが課題を達成し始めます（最初はそうなる程度の課題の量に調節します）。教卓にはそうなる程度の課題の答え、教師用指導書を置きます。これによって子どもたちが答え合わせをします。

課題を達成した子が、まわりの子どもに教え始めます。なお、課題を事前に渡し、集団の凝縮力が上昇すると、予習するような子が生まれます。その場合は、教師の「さあ、どうぞ」の瞬間に教え始めます。

数人のグループになって学び合っています。

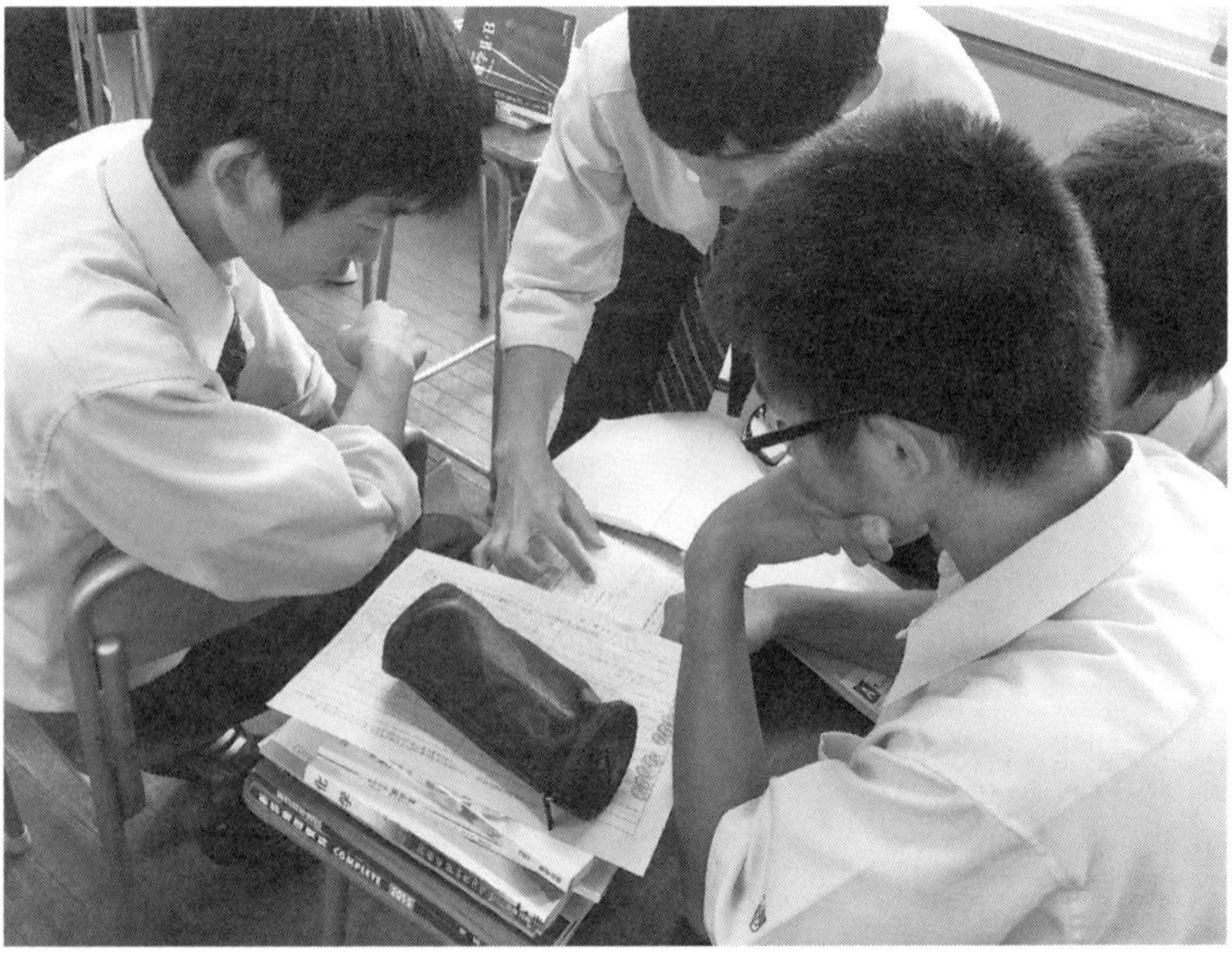

課題を達成した子が増えると、子どもたちの動きが全体的に広がります。

最初は3人だったわかる子がまわりに教えて、わかる子が6人になります。それが12人になり、24人になります。倍々ゲームで、わかる子が急激に増えます。

教え方は様々です。黒板やホワイトボードを使っている子もいます。集団で議論している子もいます。

時間になると子どもは席に戻ります。黒板のネームプレートで全員が課題達成ができたか否かを評価します。それをもとに教師が語ります。

課題づくり

アクティブ・ラーニングを成功させるために必要なテクニックは様々あります。それをすべて記述したら、この本に収まりきりません。詳しくは、「おわりに」で紹介します。

ここでは、そのさわりを紹介するにとどめたいと思います。ただし、もし、あなたがコーチングの本をお読みになる方であれば、それとかなり一致することに驚かれると思います。また、ピーター・ドラッカーなどの経営学の本をお読みになる方であれば、同じく一致していることに驚くでしょう。我々のアクティブ・ラーニングは、集団をどのように動かすか、それを学術データと実践データで整理、進化させたものです。だから、他のアプローチで出される結論と驚くほど一致しています。

まず、課題づくりです。アクティブ・ラーニングの授業では、子どもたちにその日にやるべき課題を与えます。課題づくりのノウハウは様々ありますが、初心者の方がはじめて課題を作ろうとする場合は、**定評のある問題集の中から良問を選んでください。**

問題の分量としては、クラスのトップレベルの子どもだったら十五分くらいで課題達成ができる分量です。おそらく、今の授業ペースとあまり変わりないと思います。感覚としては、あなたが出張などで授業を休むときのために自習課題を作るようなものです。

子どもたちにはプリントで渡します。そして、それをノートに貼らせます。そうすることで、子どもが課題をノートに写すというあまり生産的ではない作業に費やす時間を省略し、課題に向き合う時間を確保します。なお、この課題を事前に渡しておけば、ノートに貼る時間も省略できますし、予習もできます。

我々のアクティブ・ラーニングには決定的な特徴があります。それは**「一人も見捨てずに」**ということを強調していることです。そこでの語りは、部活で「チーム」を意識させるときに語っている言葉がけと同じです。

例えば、「一人を見捨てるクラスは二人目を見捨てる。二人を見捨てるクラスは三人目を見捨てる。次に見捨てられる四人目は、君自身かもしれない。そんなクラスにいたいか？　クラスはチームだ。全員達成を目指そう」と語ってください。

この語りがアクティブ・ラーニングの根幹です。この部分さえ押さえられたら、課題のレベルが少々低くてもクラスをリードする二割の子どもが補ってくれます。

今の授業でも自習はあります。その自習の際に、「一人も見捨てずに」ということを強調すれば、それはアクティブ・ラーニングなのです。そう考えれば簡単ではないでしょうか。

クラスが全員達成を目指すためには、クラスの誰ができて、誰ができないかをわからなければなりません。そこでネームプレートが役に立ちます。生徒の名前を書いた磁石のネームプレートを用意してください。そして、それを黒板に貼り、その横に「達成！」と書いて大きな丸で囲んでください。子どもたちには、課題を達成したら自分のネームプレートを、丸の中に移動するように指示してください。それによってクラスの全員が、誰ができて、誰がまだかがわかります。誰のところに教えに行けばよいか、誰のところに聞きに行けばよいかがわかります。

答えは、教卓の上に置いておきます。教科書や問題集から出題した場合は、教師用指導書や問題集の答えを置いておきます。これで子どもたちは、自分でマル付けができます。できた子どもは自信をもって教えることができます。

おそらく適当にマル付けをする子がいるでしょう。その場合は「まわりの子が本当にわかっているか確認してね。本当にわからないままにすることは友達を見捨てていることになるよ」と言えばチェックします。

アクティブ・ラーニングではグループを作りません。なぜならば、その学習において**誰に教えてもらったらわかるか、誰に教えたらわかってもらえるかの相性を教師は知るよしもないからです。**わかるとすれば、子ども自身です。だから子どもがアクティブ（つまり能動的）に動かなければならないのです。もし、教師が班を固定化すると、お客さんになってしまう生徒が生まれます。

あなたの勤務校で同僚が出張になり、その時間があなたの空き時間だったら、すぐにアクティブ・ラーニングにトライできます。まずは先に述べたネームプレートを用意してください（紙に書いた名簿で代用しないでください。それでは教室に座っている子どもたちにはわかりません）。そして、自習課題を与え、全員達成を求めるのです。これだけでアクティブ・ラーニングは始まります。授業中にやるべきことは、先に述べた部活の顧問と同じです。最初は戸惑うかもしれませんが、十分ぐらいで「な～んだ」と思うようになるでしょう。

言葉がけ

アクティブ・ラーニングの中で教師は、見守ることが大部分です。そのため、一見何もしていないようですが、いろいろなことをしています。そのためのポイントがいくつかあります。代表的なものを紹介しましょう。

第一の原則は、ダメな子どもを動かそうとせず、**教師の指示に従う子どもの心に響く語りをする**ことです。

例えば、勉強していないで遊んでいる生徒がいるかもしれません。アクティブ・ラーニングでは子どもは主体的になります。ですから、主体的に遊ぶ子も生まれます。では、そのような子どもは、従来の授業で真面目にやっていたでしょうか？　おそらく、それなりに座ってノートをつけていたかもしれません。しかし、心は授業に集中せず、授業開始の五分間で宇宙に旅立ってしまう子ではないのでしょうか。アクティブ・ラーニングはそれをわかりやすくするだけです。教師にわかりやすくするだけではなく、まわりの子どもたちにわかりやすくするために、自由にします。

さて、そのような子どもがいたとき、あなたはどうしますか？　おそらく「その子」に注意したいと思うでしょう。しかし、アクティブ・ラーニングではそれをしません。なぜなら、それは無駄だからです。遊びそうな子どもの顔を思い起こしてください。あなたが注意すれば「その場」は勉強する「ふり」をするでしょう。しかし、あなたが目を離せばすぐに遊び始めます。なぜなら、その子は教師の目からは逃れられるし、教師にどう思われようと気にしない子なのです。

では、何もしないのかと言えば、そんなことはありません。します。ただ、方向が違うのです。クラスの中には教師の指示に従う子どもが二、三割はいます。その子たちは、今ままでは「自分」が真面目にやれば認められていました。ところがアクティブ・ラーニングでは「全員達成」を求めています。だから、一人でもダメだとアウトなのです。

遊んでいたとしたら、**「遊んでいる子はいないか？　遊んでいる子は残念だけど、それを知っているのに放っておいている子は無罪か？　仲間を見捨てている君たちでいいのか？」**とちょっと大きめな言葉でしゃべってください。その際、遊んでいる子を見てはいけません。見れば、クラスをリードする子が「遊んでいる子」を注意するのは先生の仕事だと思うからです。逆に、注意してくれそうな特定の子を見ながらしゃべってはいけません。どの子が「一緒にやろうよ」と声をかけるかはわからないからです。

また、机間巡視をしているときに、間違ったままの答えをノートに書いている子どもがいたとします。おそらく今までだったら、教師が教えたと思います。しかし、そうすると三、四分はかかります。その三、四分はその子にかかりきりになってしまいます。つまり、集団を見捨てているのです。だからアクティブ・ラーニングではそのような指導をしません。では、どうしたらいいでしょうか？

間違っている子どもの脇で渋い顔をして、**「う〜ん、三番が間違っているな〜。その問題を解けている子はクラスにいっぱいいるんだけどな〜」**と大きめな声でつぶやくのです。おそらく、あなたが五メートルぐらい離れると誰かがその子に近づいて教えると思います。あなたは遠くからニコニコしながら見守ってください。きっと教えている子はあなたをチラ見するはずです。小さく頷いてください。

つまり、あなたがつぶやくたびに、予算ゼロでティームティーチャーが生まれるのです。そんな五、六人が対話を通してわからない子をサポートし始めます。

あなたは教えている子どもを褒めるでしょう。でも、教えられている子を褒めることも忘れてはいけません。**「ほ〜、真剣に聞いているな〜。誰でも得意、不得意はある。だから最初はわからなくてもいいんだ。最後にわかればいいんだよ」**と褒めてください（たとえ聞いている子が真剣に聞いていなくても）。

実は、この言葉は教えてもらっている子に語っているのではなく、教えている子に語っているのです。そのうちに教えている子どもが「誰でも得意不得意はあるよ。だから最初はわからなくてもいいんだ。最後にわかればいいんだよ」と言うようになります。そう言われることによって、わからない子がわかる子に聞くことを恥じなくなります。

アクティブ・ラーニングでは様々な問題が表出します。アクティブ・ラーニングでは教師の管理下で問題を表出させ、それをクラスで乗り越えることを求めるのです。

我々は様々な教師に「仕えやすかった校長」「仕えにくかった校長」の特徴をインタビュー調査したことがあります。その結果、仕えにくい校長のことを語るとき「私に○○した」という表現を使います。ところが仕えやすい校長のことを語るとき「**私たち**に○○した」という表現を使います。集団を動かせる校長は、集団を動かすツボを知っているのです。アクティブ・ラーニングでの教師も同じなのです。

第3章　わかるためには何が必要か

　ホモサピエンスが原始人の時代から、我々はアクティブ・ラーニングで学んでいました。近代になって身分制度が崩れます。近代学校教育は、どの職業になるにせよ、その基礎となるものを教えることを目的としています。ところが、どの職業になるにせよ、その基礎となるものを網羅的にもっている人はいませんでした。その結果、師範学校、高等師範学校を設立し「教師」という新たな職業を生み出しました。

　当時、学校で教えることを網羅的に教えられるのは教師だけでした。だから、一人対数十人という現状の教育「しか」できなかったのです。本は高く、コピー機はありません。だから、子どもには薄い教科書を配布し、しっかりした本は教師だけが持てます。教師はそれを板書し、子どもたちはそれを写しました。遣唐使が唐の仏典を写経したのと同じです。

　しかし、今は塾・予備校があり、保護者の半数以上は大卒です。時代が違います。

子どもって誰？

アクティブ・ラーニングに反対する人は少なくありません。その多くは、まずは基礎・基本を教師がしっかり教えなければならないと仰《おっしゃ》います。しかし、研究者として申します。**それを証明する実証的で学術的なデータを私は知りません。**逆に、それが誤りであることを示す実証的で学術的なデータは数多くあります。

結局、アクティブ・ラーニングを否定する人の最大の根拠は「今までそうだったから」という、多くの場合、最も説得力のある根拠に基づいています。確かに、今まではそうだったと思います。しかし、だからといって、今後もそうだとは限りません。今の教育が前提としている社会条件が変われば、教育も変わらなくてはなりません。

まずは、当たり前のことを考えてみましょう。

アクティブ・ラーニングでは、教師は最終的に達成すべき目標を語りますが、どのようにして達成すべきかを極力語りません。そうすると、「教師が指示しなければ無理です」とか、「私のこれこれの方法が最善です」と言われる方がいます。その方には「誰が無理で、誰にとって最善なのですか?」と聞きます。そうすると「子ども」と答えます。

それに対して私は「子どもという子どもは一人もいません。確かに指示をしなければ何もできない子どもはいるでしょう。おそらくそれが過半数である可能性があります。しかし、指示しなくてもできる子がいます。なぜならば、すべての教科の教師は成績が中もしくは中の下に合わせた教育をしています。したがって、中もしくは中の下の課題だったら指示しなくてもできる子はいます。また、最善だと仰いますが、誰にとってですか? クラスの中の子どもは一人ひとり多様です。成績で輪切りになった高校でも、入学後、数ヶ月のうちに正規分布になります。さて、あなたの方法は最善だという子どもは何人ぐらいですか?」と聞きます。

教師も昔は高校生でした。自分自身が高校生だったときを思い出してください。そこで教師から指示される方法がよかったですか? きっと違うと思います。特に、自分の嫌いな教科の場合は、ハッキリと違うと思います。その方法を強いた教師は「子どもたちにとって最善だ」と思っていたはずです。

私も長年、最善の教材や指導法を探しました。学術研究によって六割ぐらいの子どもにフィットする教材や指導法は生み出せます。

しかし、そこから先は難しい。そこで研究の問いを変えました。つまり「最善の教材や指導法は何か？」ではなく、**「その子にとって最善の教材や指導法を見いだせるのは誰か？」**に変えたのです。

結論は「当人」です。だって、わかるかわからないか、納得できるか否かを判断できるのは当人しかいません。しかし、それができない子どもはいます。だから「当人、及び、当人のまわりの子」が答えなのです。子どもに教師並みの能力はありません。しかし、教師も子どもも一日二十四時間です。子どもたちが子どもたちを支えれば、膨大な対話ができます。そのような対話を教師がすべての子どもとすることは物理的に不可能です。わからない子がわかるためには、膨大な「対話」が必須です。

ですから、アクティブ・ラーニングでは一人も見捨てずに解決せよと語ります。

わかるほどよいのか?

今の教師教育、教師再教育では、教師はわかればわかるほど教え方がうまいという前提に立っています。しかし、これは認知心理学のエキスパート・ノービス研究から誤りであることは確かです。まあ、そんな難しげなことを言わなくても「専門家の話はわからない」と表現すれば、納得してもらえると思います。

本当にわかるとは、自分で意識できないほど頭の奥底に収まることなのです。だから自分ではわかるし、できるのですが、それを説明できなくなります。これは我々の頭の仕組みなので、いかんともしがたいものです。

現状では、子どもたちの多様性は頭痛の種です。どのレベルの子どもに合わせても、そこからこぼれ落ちる子どもがいます。下位層に合わせればほとんどの子どもが退屈する。上位層に合わせればほとんどの子どもがチンプンカンプンです。だから、成績の中位もしくは中の下に合わせます。そこは人数的に最も多いからです。そして、上位層にとっては退屈ですが、この子たちは静かに聞いてくれます。結局、大多数の子どもが聞いてくれるのです。しかし、上位層と下位層を切り捨てているのです。

もちろん、下位層の子どもを放課後に教えることもできるかもしれません。しかし、下位層の子どもがなぜわからないのかがわかりません。理由は先に述べたように、我々の頭の仕組みがそうなっているからです。

しかし、アクティブ・ラーニングでは能力の多様性は頭痛の種ではなく宝です。教師には理解できない、成績下位層の子どもが何がわからないかを理解できる、成績が中の下の子がいます。そして、成績が中の下の子どもを理解できる、成績が中の子がいます。成績が中の子がどうやればわかるかを知っている成績が中の上の子がいます。成績が中の上を教えられる成績上位の子どもがいます。そして成績上位の子も人に教えることによって学びます。少なくともわかりきったことをもう一度聞くよりは「まし」です。

成績下位の子どもに成績が中の下の子どもが何を語るか不安だろうと思います。間違ったことを教えるかもしれません。しかし、**教師のチンプンカンプンな話を聞くよりは何かを学びます**。そして、成績が中の子が成績中の下の誤った教えをチェックします。

成績を上げたいならば

成績を上げるために何が必要でしょうか？　多くの教師は、よい教材、よい指導法だと思っています。違います。**本人が学ぶ気になるか否かです**。本人が学ぶ気になれば、ごく普通の教材でも成績を上げることができます。しかし、本人に学ぶ気がないならば、どんな教材も無駄です。

では、どうやったら学ぶ気を与えられるでしょうか？

あなたが熱く語ればその気になるでしょうか。そうかもしれません。しかし、そうならない場合が多いでしょう。歴代の教師は語ったと思います。しかし、それがダメだったから今のその子があるのです。それに人には相性があります。あなたがどんなに優れた教師であっても、万人に受け入れられるとは限りません。では、どうすればいいのでしょうか？

アクティブ・ラーニングでは、**友達からの「一緒にやろうよ」が、一番可能性がある**と思います。クラスには三十数人の子どもがいます。その子と教師より相性のよい子が三十数人の子どもの中にいる可能性はかなり高いと思います。

アクティブ・ラーニングの授業では子どもは寝ません。なぜならば、いろいろな友達から「一緒にやろうよ」と言われるからです。その学びの質が低くても、睡眠学習よりは「まし」です。数学を学ぶ意義を見いだせない子どもがいたとします。例えば文系私立を受験する子で、数学が受験に必要ない子がそうでしょう。また、高卒で就職する子もそうでしょう。その子に数学を学ぶ意義を説得できる教師がどれほどいるでしょうか。その子も友達と一緒に学ぶ意義は納得します。

最後に小学校の例ですが、象徴的な事例を書きます。

アクティブ・ラーニングの実践者が小学校五年生のクラスの担任になりました。そのクラスには九九も覚えられない子がいました。当然、算数の点数は壊滅的です。歴代の担任は知的な障害を疑っていました。アクティブ・ラーニングの中でまわりの子どもは教えます。しかし、九九がわからないのでどうしようもありません。ある日、「○○ちゃん、九九を覚えたほうがいいよ」と同級生から言われました。その子は一週間で九九を覚えました。その後は成績が向上しました。その子は九九を覚えられなかったのではありません。覚える必然性がなかったのです。

第4章 国語科（現代文）におけるアクティブ・ラーニングの実践

京都市立塔南高等学校
飯島弘一郎

長々と前置きを書きました。お待たせいたしました。本書の最大の「売り」は本章以降の様々な実践者による実践記録です。

アクティブ・ラーニングはものすごくシンプルな理論と方法論に則《のっと》っています。簡単に言えば、「教科書○ページから○ページの問題を全員が解けるように。さあ、どうぞ」です。これだけシンプルな方法論なので、教科によらず共通している部分が大きい。まずは、それを読み取ってください。しかし、アクティブ・ラーニングは実践者の願いで子どもを動かす教育です。そのため一人ひとりの人柄が出る教育でもあります。この斉一性と多様性を読み取ってください。

そして一人ひとりが幸せであることを感じ取ってください。

『学び合い』との出会い

私がはじめて『学び合い』と出会ったのは、大学五回生のときです。とある事情で留年することになった私は、残りわずかの単位取得と卒業論文作成のために大学に通い、残りの時間を教員になるための準備に費やしました。京都大学の四年間で哲学を専攻し、国語の教員免許を取るために国語学や国文学の勉強もしました。一方で、「教育理論」や「教育方法」については、あまり興味をもてなかったこともあり、まとまった勉強ができていなかったので、大学最後の一年は「教育」をテーマに学びを深めようと決めたのです。

私は、同世代の大学生のほとんどがそうであったように、小・中・高の十二年間、一斉指導中心の授業を受けて育ちました。明確に言語化できてはいませんでしたが、私の中には十二年間を通して、一斉指導に対する漠然とした不満のようなものがありました。「教師は教師らしく、生徒は生徒らしく」という妙な役割意識が生理的に嫌いでしたし、授業中よりも一人で学習している時間のほうが、自分がはるかに賢くなりうることを知っていました。さらには、友人に勉強を教えることが実は自分が成長する一番の近道だ、ということにも気付いていました。

私は、生意気にも、大学最後の一年で、時代をリードする教育理論を作ってやろうと考えました。「生徒が生徒を教え、それを教師はやさしく見守っている」という教育モデルがありうるのではないか、という発想をもっていたのです。とはいえ、教育の「理想」としておもしろければいい、というくらいの感覚で思いついた程度のものですから、それを実際の学校現場に当てはめて考えることはしませんでしたし、ましてやそれが既に日本各地で実現されていようとは、夢にも思っていませんでした。

ですから、ある日ネット上をうろうろしていたとき、たまたま『学び合い』を発見したときの驚きは計り知れないものでした。「これは自分が考えた理論のはずなのに」というショックがまずありました。そして、どうやら全国の学校で成果を上げているらしいと知ったときの「やられた……！」という感覚は、今でも忘れられません。極めて完成度の高い理論体系と膨大な実践の蓄積に圧倒され、否《いや》が応でも負けを認めざるをえなかったのです。

「『学び合い』フォーラム２０１２ｉｎ大阪」の参加募集締め切りが迫っていました。私は夢中で申し込みメールを打ちました。こうして私は『学び合い』と出会ったのです。

明くる四月、晴れて高校教師となった私は、目まぐるしい毎日を送っていました。まず、朝早く起きるという苦行をクリアしなければなりません。そして授業以外の慣れない業務が無数にあります。さらには初任者研修の準備とレポートに追われます。『学び合い』にチャレンジしたいのはやまやまでしたが、とても腰を据えて取り組める状況ではありませんでした。結局授業は、母校堀川高校の恩師のスタイルを「コピー」する形で、一斉指導をすることになりました。

一斉指導は決して絶望的ではありませんでした。正確で深い「読み」を講じ、ときには物知り顔でうんちくを語り、見学に来てくださった先輩の先生方に「安定している」と言っていただける程度のそれなりの授業をコンスタントに続けていました。授業中寝ている生徒をしつこく起こしたり、スマートフォンを触っている生徒を厳しく叱りつけたりすることもできました。そういう経験が増えれば増えるほど、「教師になったんだな」という妙な実感がわいてくる一方で、「これを教育と呼んでいいのだろうか」という疑問も日に日に大きくなってきました。

初任の冬、私はイベント的な『学び合い』実施に踏み切りました。『学び合い』の魅力は頭では十分わかっているつもりでしたが、自分が受けたことのないタイプの授業を実際にやってみることは、とても勇気のいることでした。下手をすれば数十人の生徒を混乱させてしまい、収拾がつかなくなるかもしれない、という恐れもありました。

しかし、それよりも、「授業で寝なかった」ことや「きれいにノートを写せた」ことにしか価値を見出せない生徒を変えたい、活発な言語活動を促して国語の本質を理解してもらいたい、という思いが勝りました。

『学び合い』を行ったのは、一年生の国語総合の時間、教材はカフカの短編小説『掟《おきて》の門』で、その日は単元のまとめの授業でした。

私は授業準備として、『掟の門』の内容に関する二十個の○×クイズを用意しました。「登場人物は全員男である」といったような、単純な問いでありながら、本文全体をしっかり読んでいないと答えられないものばかりです。

「三十分後、この順番をランダムに入れ替えたテストをします。そのテストで全員が八割（十六点）以上取ることができるように助け合ってください。全員が八割以上取れたらミッション成功、一人でも八割未満の人がいたら失敗です。さあ、どうぞ」

この程度の短い語りで『学び合い』がスタートしました。

生徒は実に生き生きと活動し、「彼らは学び合えるのか」という私の不安は一気に吹き飛びました。と同時に、衝撃的な事実を突きつけられることにもなりました。作品の内容について、私の一斉指導ではほとんど何も定着していなかった、という事実です。

この時間が「まとめ」の授業であるにもかかわらず、「登場人物は全員男である」といった、本文を一通り読んだ者なら瞬時に答えられるはずの問いに、深刻な顔で首をひねっている生徒が大勢いました。はじめて自力で本文を読んだ生徒も多い様子でした。教室全体が、はじめて作品に触れた新鮮な驚きに包まれているのです。笑い話のような、笑えない話です。

テストの結果は、三十人中二人が目標クリアできず、ミッションは失敗でしたが、私にとっては劇的な成功でした。私はこの試みを通して、「作品を能動的に読む」という言語活動を引き出すにあたっては、一斉指導よりも『学び合い』のほうがはるかに効果的であることを痛感しました。そして、私の一斉指導の授業中、苦痛を感じていたであろう多くの生徒たち、難しい顔でノートをとりながらほとんど国語力が伸びなかった多くの生徒たちに思いを馳せ、とても申し訳ない気持ちになりました。

そして私は、採用二年目で、完全に『学び合い』の授業に移行しました。『学び合い』

の本を複数読み、理論を基礎から勉強し直しました。現場では、自分流のアレンジは極力控えるようにして、理論通りに授業を進めました。当時から現在に至るまで、もちろん課題は山積みです。授業がうまくいかず悩むことも多々あります。しかし、一斉指導と比べれば、私の授業は控えめに言っても「はるかにまし」になりました。現在の私の授業の全貌については、次節で詳しく説明します。

その前に一つだけ。『学び合い』は、現在注目を浴びている「アクティブ・ラーニング」の一種です。文部科学省の定義によれば、「アクティブ・ラーニング」とは、「完全なる一斉授業」ではないすべての授業形態を指す言葉ですので、当然『学び合い』もここに含まれます。ただし、私としては、どのような形の「アクティブ・ラーニング」も、最も教育効果が上がる方策を突き詰めて考えれば、おのずと『学び合い』の考え方と方法に行き着くはずだと思っています。

「生徒集団は有能である」という大前提に立ち、生徒を信頼して任せれば、生徒は集団の中で、生徒にも教師にもなりうるし、その役割を時と場合に応じて変容させます。ペアワークやグループワークといった形で生徒の小集団を教師のコントロールのもとに置いてしまうより、学びの形式も含めて自由化してしまい、多様な言語活動を誘発するほうが、生徒集団の学力もコミュニケーション能力も着実に向上するのです。

つまり、文部科学省が推進しようとしている「アクティブ・ラーニング」を、現在のところ最も完成度の高い形で実現しているのが『学び合い』だというわけです。

そこで、次節以降では、『学び合い』という言葉は使わず、基本的に「アクティブ・ラーニング」または「アクティブ・ラーニング型授業」と言うようにします。単に「アクティブ・ラーニング」と言う場合は生徒の活動に主眼を置いており、「授業の方式」に言及する際は「型授業」をつけますが、厳密に区別しているわけではありませんのであしからず。

授業の流れ

私が行っている現代文の授業は、「反転授業」の要素を取り入れたアクティブ・ラーニングです。

生徒には相当時間の予習を求めていますし、予習をしてこなければ絶対に全員達成できないような課題設定をしています。ただし、予習をしていない生徒を叱ったり、平常点をマイナスしたりは一切しません。予習をしていない生徒が多い時間は、全員達成できませんから、最後の五分でおだやかに厳しく語ることになります。

「授業のために予習をしなければならない、ということを講座全体として認識していなかったのは残念だ。予習は、自分のためだけでなく、アクティブ・ラーニングで全員達成を実現するための準備でもあるわけだから、次回は必ず予習をして臨むように。そして、お互い勉強の進み具合を交流できるようになるといいね」という話をします。

全員達成はやはり気分がいいものなので、そのための予習なら頑張ろうという気になります。実際、準備を整えて授業に臨む生徒の割合は着実に増えています。

また、予習がスムーズに進むよう、教材は単元ごとに冊子にまとめて渡すようにしています。本文とアクティブ・ラーニング用の課題、ノート欄が印刷されていて、十〜二十数ページの冊子です。

この冊子は、その単元で学ぶべきことの一覧でもあり、単元テストの範囲でもあります。ノート欄は、語句の意味調べや漢字の練習など、各自の判断で必要に応じて使うことができます。現代文が得意な生徒は、授業進度にかかわらず一気に最後まで解いてしまってもよいわけですし、いつどの課題が授業で扱われるかという見通しももちやすいので、「学び合うのための予習」がしやすい教材だと思います。

では、一時間（一コマ）の流れを説明します。

私の「現代文」の授業は、基本的に、「最初の語り」五分、『学び合い』三十五分、「最後の語り」五分、という構成です（本校は四十五分授業）。

最初の語りでは、この時間の課題を確認し、目標と活動終了時刻（授業終了五分前）を板書します。目標は、例えば「全員が三人以上と話をして、問三・四に正しく解答できる」というようなものです。

課題の量は、記述問題が二問か、記述問題と選択肢問題各一問くらいが私なりの目安です。あとは、単元の目標として「単元テストで全員が七割以上獲得すること」を掲げます。そのために必要なことをしてください、ということです。「単元テストには本文を十分理解できている人だけが解ける問題を出題する」と常に言っています。ちなみに単元テストは、選択肢問題を記述問題にしたり、傍線部は同じで問い方を変えるなど、マイナーチェンジを施し、丸覚えでは解けないようにして作成しています。

語りが終わるとすぐに「さあ、どうぞ」と呼びかけます。グループ分けもありませんし、時間と場所の使い方は自由です。すぐに立ち上がって話をし出す生徒もいれば、しばらく一人で解く時間をとる生徒もいます。黒板には全員分のネームプレートが貼ってあり、表が白、裏が黄色で、両面にそれぞれの名前が書いてあります。開始当初はすべてが白の状態で「まだ」の欄に貼ってあり、課題が達成できた生徒は、自分のネームプレートを裏返して黄色にし、「できた」の欄に移動させます。これで、誰ができていて誰がまだなのかがすぐにわかります。全員のネームプレートが「できた」の欄に移動したら、全員達成成功というわけです。

『学び合い』の活動中、生徒の口からは、教科の本質にかかわる発言が次々出てきます。芥川龍之介の『蜜柑《みかん》』という短編小説を扱ったときのこと、主人公の性格を問う問題で、正解選択肢の中に「厭世《えんせい》家」という言葉が含まれていました。

「電子辞書借りるよ！」という声が複数の場所から聞こえてきます。「わからない言葉は辞書を引く」という癖も自然と付いています。「エンセイ――世の中をいやなもの、人生を価値のないものと思うこと」と大きな声で読み上げる生徒がいます。すると、それに気付いた別の生徒が「え？　なになに？」と聞き返します。辞書を引いた生徒がもう一度読みます。彼は二度と「厭世」の意味を忘れないでしょう。「……ってことは、この選択肢であってるんじゃない？」とまた別の生徒が言います。彼女はいま小耳にはさんだ「厭世」の意味と、本文に何度も出てきた「卑俗な現実」や「退屈な人生」などの表現に意味上の共通点があることに気付いたのです。早速そのことを周囲の生徒に説明し始めます。正しい説明は説得力をもちます。

こうして、一人で考えているうちは「たぶんこれかなあ」という不安な選択だったのが、「これしかない！」という確信に変わっていきます。生徒たちは、終了ぎりぎりまで、全員達成に向けて動き続けます。全員達成できたときは拍手が起きますし、できなかったときは一様にがっかりしたような顔になります。

最後の五分は総括の語りです。課題の解説やまとめはほとんどしません。生徒集団のふるまいがどうだったかを評価するのです。よかったところをたくさん言います。たくさんの人に説明してあげていた人がいた、わからないときに「教えて」と声を上げていた人がいた……。

残念に思ったことも話します。真面目に取り組んでいない人をそのまま放置していた、とてもよい答えが出ていたのにまわりに教えようとしなかった……。最後に「次の時間はよりよい『学び合い』ができるよう、各自考え、準備をしておいてください」と言って授業を終えます。

そして、毎回ではありませんが、ここぞというタイミングで、「なんのための授業か」「なんのための学校か」「なんのための教育か」ということを根本から語ることもあります。教育基本法に書いてある通り、教育は「人格の完成」を目指し、平和で民主的な「社会の形成者」を育てるためにあります。学校や授業があるのも、究極的にはそのためです。私は本気でそれを目指すので、そのために最も合理的なアクティブ・ラーニング型授業をしています。アクティブ・ラーニングが成功するためには、生徒自身が一人残らず人格の完成を目指し、民主主義の精神を理解する必要があるのです。そのことを、場と時に応じて表現を変え、誠心誠意心をこめて語ります。

私の語りが全員に伝わるとは思っていません。伝わる必要もありません。クラスや講座の二割程度の生徒に伝われば、そこから授業が変わってきます。そのために辛抱強く語り続けます。魂をこめた五分間です。

国語科アクティブ・ラーニングの特徴

「高校の国語でアクティブ・ラーニングをやるとは、なかなか難しいことにチャレンジ

している な」と、我が事ながら思うことが度々あります。しかしおそらくこれは、的を射た感想ではありません。高校の国語でアクティブ・ラーニングをすることが難しいのではなく、アクティブ・ラーニングをすることで国語という教科の難しさが浮き彫りになっているのだと思います。

私の担当する機会が多い「現代文」では、その難しさが際立ちます。第一に、教材の内容が、他教科と比べて抜群にハイレベルです。評論ならば、「心はどこにあるか」とか「美とは何か」といった哲学的な難問が、当然のごとく主題として取り上げられます。小説でも、「誰が、どうした」というストーリーを把握するだけでなく、登場人物の心情を行動や情景から読み取ったり、文体や構成について考えたりすることも必要になります。英語や古典では普通はあり得ないレベルです。

ですから、生徒にわからせるためには、どうしても「わかりやすく言い換えて解説する」ことが必要となります。従来の現代文の授業で教師がやってきたことはそういう「解説」だと思います。しかし、生徒は多様です。教師の説明でピンと来る生徒も一定数はいるかもしれませんが、全員にとってわかりやすい説明を用意することは不可能です。ですからアクティブ・ラーニングで、様々なタイプの説明を生徒から引き出すほうが合理的です。

実際、アクティブ・ラーニングの現代文の授業では、教室のいたるところで本文の「解説」が行われています。しかも、教師のような優等生的な説明だけでなく、同級生だからこそ通じるような、身ぶり手ぶりや擬音まじりの説明が飛び交っています。やや幼稚だと感じることもありますが、しかし非常に的確な、個々の生徒にフィットした説明です。授業後のリフレクション・シートでも「○○さんの説明がわかりやすかった」「△△さんにわかりやすいと言ってもらえた」という感想が毎回出てきます。集団全体としての「存在論」や「心身問題」についての理解や、「（小説『山月記』における）李徴《りちょう》と袁傪《えんさん》の心情」の把握は、少なくとも私一人が一斉指導形式で説明するよりはるかに効率よく進んでいると感じます。

第二に、正解となる答えの可能性が比較的多様であることも、現代文を難しくしている理由です。国公立大学二次試験のような記述問題は、「解答例」として示されている以外にも無数に正解があると言えます。解答例はあくまで「例」であって、解答要素がそろっていて、同じ意味内容が書けていれば、表現が異なっていても正解となるのです。

このことは、生徒全員が実感を伴って理解すべき現代文の本質です。ところが、現代文の一斉指導は、この考え方を否定してしまう恐れがあります。教師が黒板に問いを書いて、「答えを各自ノートに書いてみよう」と投げかけても、生徒は教師の手元に既に「正解」が用意されていることを知っていますから、オリジナルの答えを書く気にはなれません。書いたとしても、教師が後で板書するであろう「正解」を赤字で書き写すスペースをその横に残していて、テスト勉強のときはその赤字のほうを覚えます。

アクティブ・ラーニング型授業では、そういう弊害がありません。生徒はとりあえず自分なりに答えを書いてみて、近くの生徒と見せ合いをします。教師は、生徒の答えを覗き込みながら、あるいは生徒が話しているのを聞きながら、「そうそう！」とか「それは違う！」とか言いながらうろうろします。「なぜ正しいのか」「なぜ違うのか」は説明しません。そうすると、似た表現なのにかたや正解、かたや不正解の場合があること、まったく異なる表現なのにともに正解である場合もあることに、生徒は徐々に気付いていきます。

つまり、「正解かどうかは表現ではなく内容による」ということが対話を通して体感的にわかるのです。時間が経つと、自分の答えがなぜ正しいのか、つまり、正解になるための条件を説明できる生徒が増えてきます。そういう生徒のまわりに自然と輪ができ、課題の達成率は急激に上がります。こうなると教師の出る幕はありません。生徒同士で、それぞれの答えが正しいかどうか、どこをどう直せば正解に近づくのか、判断できるようになります。「正しい答えを写す」という作業は必要ないのです。

皆さんは高校時代、現代文の授業を受けているとき、「何をしていた」でしょうか。先生の朗読や解説を頷きながら聞いていたかもしれません。先生が板書する文章の構成図のようなものをノートに写していたかもしれません。あるいはそういう動作を繰り返しながら、何か他のことを考えていたかもしれません。

授業を受けたという体験が、「正しく評論文を読解する」ことに直接つながることはあったでしょうか。あるいは、そういうことがありうるのでしょうか。私はないと思います。入試に対応できるような、本文を正しく読解する力は、本文の内容を易しく言い換えた解説に頼ることなく、自力で全文を読み、自力で各部分の内容と全体の構成を把握しようと努力することでしか身に付けられません。立て板に水のような教師の説明を聞いて、わかったような気になることは、実は読解と最も遠いところにあるのです。

アクティブ・ラーニング型授業ならその問題は一挙に解決します。たどたどしくても構わないので、本文の内容を、本文の表現に基づいて、それぞれの言葉で説明し合うのです。

その中で、徐々に本文の理解が進みますし、説明の仕方も上手になってきます。アクティブ・ラーニングの中で行われている言語活動は言語能力向上に直接結びついているのです。

授業中の教師の動き

では、教師は授業中何をしているのでしょうか。

アクティブ・ラーニング型授業では基本的に教えることはしませんので、「授業とは教えることだ」という考え方に基づけば、教師は何もしていないことになります。ところが、実際には生徒がアクティブ・ラーニングをしている間、教師は実にいろいろなことをしています。私も授業が終わった後は相当疲れています。

授業中、私がしていることの中心は生徒を「見る」ことです。私は、二種類の「見る」を意識的に使い分けています。

一つ目は、教室の空気をぼんやり「見る」こと。教室の隅の余った椅子に座ったり、うろうろしたりしながら、文字通り、あえてどこにも焦点を合わせず、教室全体の雰囲気を感じ取るようにします。

感覚を言葉にするのは難しいですが、たとえるならば、教室中央の天井すれすれにドローンを飛ばして、そのドローンがキャッチしたすべての映像を手元で確認しているような感覚です。天井の真ん中あたりをボーっと見ているのです。この見方・聴き方だと、個々の生徒の動作や会話の詳細はほとんどわかりませんが、集団としてよい学びができているかどうかはすぐにわかります。

全員が課題達成に向けて動いている場合は、個々の動作は様々でも、大きく見ると動きや話題に統一感が出てきます。一方、関係のない話や動きをしている生徒がいる場合、その行為だけが不自然に目立ちます。誰が何をしているかはわからなくても、アクティブ・ラーニングの妨げになっている要素がどこかに存在することは瞬時に掴むことができます。ここで得られた感覚は、この後に述べる「つぶやき」に反映できる場合もありますし、最後の語りの材料にする場合もあります。

二つ目の「見る」は、集団の中での生徒一人ひとりの動きを「見る」ことです。一斉指導では、実は教師はあまり生徒を見ていません。教科書を見たり、板書をするために黒板を見たりして、見なければならない対象が多いので、生徒をじっくり見ることはなかなかできません。アクティブ・ラーニングではそれが可能です。誰が、誰に、何を、どんな言葉で教え（られ）ているのか、ということをつぶさに観察できます。普段と様子が違う生徒に注意を向けることもできます。

そうすると、実に様々なことが透けて見えてきます。毎回同じグループで学び合っているように見えて、実は回によって微妙にメンバーが変化していること。テストの点では中程度の生徒が、口頭での説明が抜群にうまく、授業のレベルを押し上げていること。引っ込み思案であまりまわりと話そうとしない生徒が、実は四方から聞こえてくる説明に必死で耳を傾けていること、など。

二種類の方法を使い分けて生徒集団を「見」ながら、私は時々、少し大きめの声で「つぶやき」ます。「これ、いい説明だね！」と「正解」や「よい説明」のありかを示したり、「あと○○分です！」と残り時間を告知したり、「全員達成が目標ですよ。まわりを見てみよう！」と集団としての意識をもち直すきっかけを与えたり、その場に応じて様々です。場合によっては、課題のヒントとなるようなことをつぶやくこともあります。

この「つぶやき」は、「教室の隅々まで伝わらなければならない」というような、一斉指導の感覚とはまったく異なります。「つぶやき」と言うにしてはやや大きめの声ですが、声を張り上げることはありませんし、全員に徹底しようという意識もありません。アンテナの敏感な生徒に伝わって、それをきっかけに、集団全体が変わっていくことを期待しているのです。

生徒がアクティブ・ラーニングに馴染《なじ》んでくると、この「つぶやき」もだんだん不要になります。生徒の側が、本来教師が言うべき言葉を自らつぶやいてくれるようになるからです。

私の授業では、「今日こそ全員達成を目指そうよ！」とか「他の人の説明も聞いてみたほうがいいよ」とか「自分がわかっただけで終わっていたらそれは『学び合い』じゃない！」といったことを、生徒が笑顔で言い合っています。

私は少し離れたところにいて、ただ微笑んでいるだけ、ということが多くなりました。もちろん、日によっては、何かの具合でアクティブになりにくいこともあるので、その場合は、私の「つぶやき」が増えてきます。このあたりの判断にはかなり気を遣っています。決して「生徒に丸投げ」ではありません。

二つの困難

アクティブ・ラーニングにある程度慣れてから生じた困難を二つご紹介します。どちらも根底にあるものは同じかもしれません。

一つ目は、課題の全員達成ができなかったときに、「まあいいや」と思ってしまうことです。生徒も、教師も、です。全員達成への「こだわり」が低下してしまうのです。

全員達成はそう簡単にできるものではありません。できないときのほうが多いものです。容易に達成できる課題では生徒は伸びませんから、ぎりぎりできなかったということは、課題の難易度が適正だったということを意味し、その意味では「成功」であるとも言えるわけです。

しかし、そのことと「できなくても仕方ないか」と思うことはまったく違う話です。どんなに難しい課題であろうと、全員達成は成し遂げるべきですし、そのために全員が全力を振り絞って取り組むべきなのです。その気概が欠如していることは極めて大きな問題なのですが、意識しないでいるとそのことにすら気付かないで授業はなんとなく終わっていきます。それでも一斉指導よりはかなり「まし」なので、それなりに『学び合い』らしきことができていると、教師は言葉の端々や表情から、つい「良し」というメッセージを発してしまうのです。

こうした言葉や表情を生徒は極めて敏感に感じ取ります。「そんなに頑張らなかったけど、それでもいいんだ」と勘違いしてしまいます。これが繰り返されると、知らず知らずのうちに、課題達成率は低迷していき、授業の質も低下していきます。

授業を健全な状態に復帰させるには、とにかく誠実に語るしかありません。例えば、次のような語りです。

「皆さん、今日の活動状況はどうでしたか？　課題は確かに難しかった、でもいいですが、皆さん、早い段階で『この課題は難しいから全員達成できなくてもしょうがないか』と思っていませんでしたか？

正直言って、私自身も少しそう思ってしまいました。私も深く反省します。でも、皆さんも反省してください。この講座は、常に、全員ができることを目指しています。課題の難易度や、その日の天気や、誰が欠席しているかにかかわらず、常に全員達成を厳しく求めます。少しでも『まあいいや』と思ってしまうと、学ぶ勢いはすぐに弱まってしまいます。

皆さんは社会に出て、難しい課題だからと達成を早々と諦める大人と、難しそうだけれど集団のために頑張る大人と、どちらになりたいですか。どちらのほうが社会で活躍する大人か、どちらのほうが結果的に自分のためになる行動か。答えは明らかですよね。次回の授業での皆さんの活躍を楽しみにしています」

二つ目は、全員達成より「気持ちのいい学び」を優先させてしまうことです。三人と話をしてサインをもらい、課題の内容も十分理解したグループが、まだできていない生徒がいるにもかかわらず、課題の内容について深めたり、次の課題を解き始めたりしてしまうのです。これは非常に難しい問題です。授業者として対処に悩みます。「できた生徒が遊んでしまう」というのはアクティブ・ラーニング型授業に切り替えた直後の教室ではよく見られる光景です。その場合は、定石通り「それはダメだ」ということを理由とともに最後に語るべきであり、その意味では対処法は明らかです。

ところがいま問題にしている場面は、それほど単純ではありません。彼らの言葉を聞いていると、私が思いつきもしなかったようなすばらしい観点から教材の内容を論じているし、そのグループ内での学びがどんどんレベルアップしていることがわかります。一方で、同じ教室内に、課題がわからず置いていかれそうになっている生徒がいる。ネームプレートもありますから、未達成の生徒がいることは、その場にいる全員がわかっています。

誰かが教えてあげないと全員達成は難しいということも全員がわかっています。にもかかわらず、早くできたグループが発展的な話を続けてしまうのは、そのほうが快適だからです。わからない人を教えるより、自分たちの知的好奇心の赴くまま、わかる話をしていたほうが気持ちがいいからです。彼らの心情はとてもよく理解できますが、手放しで褒められることではありません。

悩みに悩んで、私が絞り出した語りは次のようなものでした。

「今日は、かなり早い段階で課題を達成した人たちがいました。その人たちは、ネームプレートを貼った後、グループになって、こちらが求めているレベルを超えて非常に興味深い議論をしていました。それ自体はとてもすばらしいことだと思います。

でも、黒板を見てください。今日は全員達成できませんでした。なぜでしょうか？　早く終わった人たちが『教える』という役割を十分果たせなかったからです。この授業の目標は、『全員が理解する』ということです。それをクリアする前に次の段階に進んではいけません。発展的に学ぶのが悪いということではなく、『全員が理解する』を実現してから先に進むべきだということです。

早くできて次に進んでいた人たちの気持ちが私にはとてもよくわかります。私もそういう性格だからです。私たち教師の仕事の中でも同じような状況がよく起こります。私と同じ三年担任室にいるベテランの先生が、パソコン操作がうまくいかず困っている場合、私としてはそれを見て見ぬふりして授業の課題づくりや自分の勉強を進めたい、と少し思ってしまうわけです。自分の仕事が優先だ、という思いがあるからです。それに、簡単なことを人に教えなければならないのは正直面倒だからです。

でも、ちゃんと考えてみると、それは結局自分にとって損な選択です。なぜなら、三年担任団は、文字通り「団」として、チームとして仕事をしているからです。その先生のパソコン操作に難があって仕事がはかどらなければ、それはつまりは三年担任団の仕事がはかどらないことになります。ということは、チームの一員である私も損をすることになりますよね。つまり、ベテランの先生にパソコン操作を教えてあげることは、まわりまわって、チームのためにも自分のためにもなることなのです。

それにその先生は、今度私が別のことで、例えば保護者の方との話がうまくいかずに悩んでいるときに、経験をもとにしたアドバイスで助けてくれるかもしれません。社会とはそういうものです。一人ひとりが自分の得意なことを生かし、苦手な人を助けながらお互い支え合って前に進んでいきます。自分とか自分のまわりの数人で心地よいことを独り占めしてしまうのは身勝手なことだし、あと一歩で社会に出ようとしている皆さんには、それだけで終わってほしくないのです。

せっかく有意義なことをしている余力のある人たちは、全員によい影響を与えられるよ

うにしましょう。次の授業では、課題の全員達成をまず考えて動けるようにしてください
ね」

授業を締めくくる最後五分の語りは、極めて重要です。

アクティブ・ラーニングで生じるあらゆる問題は、語りによってしか改善されません。かといって、語ればすべてがうまくいくかというと、もちろんそう簡単ではありません。

私も現在、いま挙げた二つの困難から十分に復帰しているとは言えません。しかし、浮き沈みはありながらも、語り続けることで少しずつよい方向へ向かっていると感じます。全員達成を目指して動く生徒が、結果的に学力面でも伸びてきています。

語りの根底にあるのは、「自分は社会の一員となるにふさわしい人間を育てているのだ」という強い自覚です。私は、語りの中で、あえて自分の弱みをさらけ出すような話をしますが（右に書いた内容にもややその傾向があります）、それを聞いても生徒は「弱気な先生だなあ」とは思わないはずです。それは、「なんのための学校か」「なんのための授業か」ということを、私が常に語り続けているからです。

教科指導のとらえ方

アクティブ・ラーニングに取り組む前と、アクティブ・ラーニングが当たり前になった今では、教科指導のイメージも大きく変わりました。

教育実習のときや初任の年は、教材研究に時間をかけることが最重要課題だと言われていましたし、私自身もそう信じていました。知識豊富な教師と無知な生徒という二項対立があり、教材に関する教師の知識を小分けにして適宜生徒に与えていくのが授業だ、という発想です。教材を覚えるまで繰り返し読み、筋の通ったきれいな説明と板書計画を考え、発問を工夫する。それが教師の美徳だというのが普通の考え方だと思います。

自明の理のようですが、よく考えるとおかしな話です。このやり方だと、一番賢くなるのは教師です。教師が賢くなるのは悪いことではないですが、授業の本来の目的は生徒が賢くなることであるはずです。教師のほうが生徒よりもよく勉強し、説明上手になったとしても、その成果を教室にいる生徒全員に届けることは不可能です。授業をすればするほど私は賢くなる。でも生徒にはどうもうまく伝わらない。結果、賢くなった私だけが残る――。一斉指導をしていたとき、常に感じていた違和感です。

この不自然さを解消したのがアクティブ・ラーニングの発想です。教師は教材と課題を与えるのが仕事、教材研究をするのは生徒です。あるいは、教師は生徒とともに教材研究することができます。

現代文の場合は特に顕著だと思いますが、高校の学習内容はかなり複雑で高度であるため、「正しい説明」も「よくある間違い」も実に多様です。一人の教師の想像力ではカバーしきれないのが普通です。事前に想定していた「模範解答・解説」は、アクティブ・ラーニングの授業ではあまり役に立ちません。

私は、記述問題を解く課題を出したときは、授業の途中や終わりで「解答例」を一応示すようにしていますが、生徒の答案がそれらを凌駕《りょうが》していることは日常茶飯事です。生徒の学び合う過程から教師は多くを教えられます。そしてその成果は次の授業やテストづくりに生きてきます。教師がいったんすべてを学んでから、それを生徒に授ける、という二段階をわざわざ踏むことがないので、アクティブ・ラーニングは非常に合理的なのです。

では、教師は勉強しなくてよいのか。そんなことはありません。微妙な言葉遣いになりますが、教師がすべきなのは「教材の研究」ではなく「教科・科目の研究」です。

現代文を例に挙げるなら、授業に入る前から『羅生門』や『無常という事』の本文を穴のあくほど読んで、すべてを説明しきれるようになる必要はありません。それよりも、その作品のポイントはどこにあるのか、どのような課題を作れば生徒の理解を促進できるか、といったことを考えることが先決です。

これは、評論にせよ小説にせよ、どのような教材を扱う場合でも教師が必ず通らなければならない道ですので、個々の教材を通して「現代文という科目全般についての研究」をしていると捉えることができるのではないでしょうか。

生徒のアクティブ・ラーニングにつき合っていれば、自然と本文を穴のあくほど読むことになりますし、生徒同士の話を聴く中で新たな読解の可能性に気付くこともよくあります。そのたびに私自身は力不足を感じるわけですが、しかしそれによって損をしている人は誰もいません。生徒は仲間に教えたり教えられたりする中で、キーワードを何度も口にし、一斉指導と比べてはるかに内容の理解・定着が進みます。人に教えることこそ学びの王道です。教師にとっては教材研究の手間が減ります。おまけにテストづくりのヒントも授業中に得られます。損どころか、両者とも得をしているのです。

もう一度言います。

授業は、教師が賢くなる場ではなく、生徒が賢くなる場であるべきなのです。

夢（あるいは中期的な目標）

私がこの原稿を書いている数日の間に、勤務校でものすごい事件が起きました。日本の教育史が書き換わる音が私にはハッキリと聞こえました。生徒が企画したアクティブ・ラーニングの授業が突如として行われたのです。

状況を理解していただくためには、少し混み入った説明が必要です。

私の勤務校には「教育みらい科」という教員養成に特化した専門学科があり、国語科が担当する「言語技術Ⅱ」という専門科目が設けられています。二年生配当の一単位の科目で、評論文を教材として、生徒が同級生相手に発表（授業）をする、というのが主な内容です。四人一グループで各回の授業を担当し、どのようなスタイルの授業をするかは、グループ内で相談して決めることができます。

「教師になりたい」と集まってきた生徒たちですから、発表にもいろいろな工夫を凝らします。例年、模造紙でポスターを作ったり、スライド作成ソフトを駆使したり、プリントと板書を有効に組み合わせたり、様々なスタイルが見られ、教師も楽しく指導できる科目です。一方で、生徒も教師も「発表が上手かどうか」に注目してしまうため、「評論の内容が理解できたかどうか」には重点が置かれない、という問題点を潜在的に抱えた科目でもあるのです。

ところがその日は様子が違いました。「では、発表を始めてください」と私がきっかけを与えると、生徒四人が協力し、「目標」と大きく板書したり、全員分の名前が書かれた模造紙を貼ったりと、やおら準備が始まりました。模造紙の下のほうには、「めざせ全員達成！」という文字が黄色く縁取られて躍っています。そして、リーダー役の生徒が話し始めました。

「今日は『学び合い』をしたいと思います。三人以上と話をして、ここに書いてある問いに答え、それができたら模造紙に書いてある自分の名前を消してください。全員達成を目指しましょう！」

そして、生徒たちはすぐに動き始めました。私は愕然《がくぜん》としました。

このクラスでは、私は一度しか『学び合い』＝アクティブ・ラーニングの授業をしたことがありません。この「言語技術Ⅱ」の年度当初の授業で一度、お試し的にやったきりです。国語のメイン科目である「現代文」や「古典」は別の教員が担当していますから、彼らは国語のアクティブ・ラーニング型授業を本格的に体験したことがないのです。にもかかわらず、この授業を担当した四人の生徒たちは、アクティブ・ラーニング用の問いを設定し、教材を開発し、語りを考えて本番に臨みました。そして残りの生徒たちも、その準備に答えるかのように、全員達成に向けて努力していました。

実は、彼らは私の一回の授業だけでアクティブ・ラーニングに目覚めたわけではありません。本校には私以外にもアクティブ・ラーニング型授業を実践している教員がおり、このクラスの半数以上の生徒が数学の時間にもアクティブ・ラーニングを経験していたのです。しかし、その数学の授業でのアクティブ・ラーニングも始まって二カ月足らず。彼らは短い期間の中でアクティブ・ラーニングのよさを体感し、方法をある程度マスターし、自分たち主導でやってみようと思えるまでに成長したのです。

ただし、もちろん課題は数えきれないほどありました。全員で成し遂げることの意義が語れていなかったり、学習活動中の授業者としてのふるまい（つぶやきや微笑み）が不十分であったり、寝ていた生徒がいたのに一度もそのことを指摘せずに終わったりと、見よう見まねでやった場合に教師が陥りがちなミスをすべて犯していました。

私は彼らに、『クラスがうまくいく！『学び合い』ステップアップ』（学陽書房）を読むように言いました。そして、授業終了を告げるチャイムが鳴り響くのを無視して（正確には、「極めて重要な話をするので、途中でチャイムが鳴りますが、よく聴いてください」と前置きして）次のように語りました。

「皆さんは、大げさでなく、日本の教育史上に残ることを成し遂げました。私はとても感動しています。今日『学び合い』の授業をしようと決断した四人に、そしてその決断をしっかり受け止めて一緒に授業を作り上げた三十六人に、心から敬意を表します。

皆さんは最短で六年後には教壇に立っています。六年後には私たちの同僚です。そしてその頃には、どんな校種、どんな教科でもアクティブ・ラーニングをやらなければならない時代になっているでしょう。

どうせやるなら、押しつけられてではなく、進んでやりましょう。アクティブ・ラーニングは理にかなった方法です。私は、目新しいからアクティブ・ラーニングをやっているのではなく、科学的であり合理的だからやっています。始める前に、きちんと理論の勉強をしました。皆さんもアクティブ・ラーニングに興味をもってください。そして一緒に勉強して、よい授業とは、よい学校とは何か、考えていきましょう」

私には夢があります。それは「先生、もう授業に来なくて大丈夫ですよ」と生徒から言われることです。「いついつにこの範囲で試験をしますよ」と言うだけで、あとは私が教室に行かなくても生徒が課題を作り、学び合い、試験に備える。そして、試験では全員が八割以上、いや全員が満点を取ってしまう。

――大きな夢ですが、非現実的な夢ではありません。ある意味では「中期的な目標」にもなりうるような夢です。私自身を取り巻くアクティブ・ラーニングの現状からこの夢へは、切れ目のない一本道が通っていると感じます。大きな飛躍は不要です。現に、この日の「言語技術Ⅱ」での出来事は、夢に近づく大きな一歩であったと思います。

目標設定と環境整備と評価が適正になされる状態であれば、教師が教室にいることは必須条件ではありません。それだけ生徒集団は有能ですし、アクティブ・ラーニングの理論は強力です。

全員が生徒、全員が教師。学び合いながら学力が身に付き、大人へ、市民へと成長できるアクティブ・ラーニングの授業がこの先どんどん増えていけば、私たちが生きる社会は、もう少しだけ豊かで活気に満ちたものになるのではないか――そんな期待を抱きながら、私は今日も教室に向かいます。

第5章

数学科における
アクティブ・ラーニングの実践

水野　鉄也
長野県中野西高等学校

ある日突然

ある日突然、私のクラスのT君が授業中に職員室にいた私のところにやってきました。彼は相当興奮した様子です。息を詰まらせながらやっと私に言いました。

「先生、理科の授業が授業じゃない。席にいられないから抜け出てきた」

私は何がなんだかわからず、びっくりしてしまいました。とりあえず彼を落ち着かせた後、詳しく話を聞いてみました。

実はT君はここ二カ月の間、部活動の人間関係のトラブルが原因で学校を休みがちになり、やっとこの日ようやく登校できたところなのです。ところが理科の授業に久しぶりに行ってみると、なんだか今までと授業の様子が違っています。

授業の最初に先生が一言「今日の目標は……」とか、「○○時までに……」などと言った後、「さあ、どうぞ」と言ったきり何も授業を進めなかったようなのです。さらにその瞬間、クラスの仲間が席を立ち、自由に歩き回り始めたと言うのです。先生もその後何も説明せず教室内をうろうろしていると言うではありませんか。

話を聞いた私はそのとき、彼が何を言っているのかさっぱり理解できませんでした。

何？　授業中に自由に席を立つだって？　先生が説明をしない？　そんな授業があるはずないじゃないか。

T君同様、私も頭が混乱してきました。これは大変なことになったぞ。すぐにその理科の先生に会って事情を聞こう。授業の終わりのチャイムが鳴ると同時に、私はその先生のところに急いで駆け出していました。

『学び合い』との出会い

私は授業を終えた理科の先生に、T君が授業を途中で抜け出してきたこと、先生が授業をやっていない様子だということ、次回はそういうことがないようにしてもらいたいことを伝えました。すると、その先生は少し困った様子で、

「いや～、実は二週間前から授業のやり方を変えましてね。『学び合い』をしているのですよ」

と言いました。

「学び合い？」

私はその先生が新しく始めた活動に少し疑問をもちました。しかも生徒たちに好きな子

同士で勉強をさせているとなると尚更です。やっとの思いで登校できたT君が仲間の輪の中に入れなくなる恐れがあるはずです。つまり、彼がクラスから孤立すると感じたからです。すぐにその授業を止《や》めてもらうように言いました。ところがその先生は、

「実はですね。この授業をやってしばらくすると、クラスの雰囲気が少し和やかになった気がするんですよ。T君にはこの授業のことを説明することができなかったから申し訳ないことをしてしまったなあ。いまT君に説明してきますから、少し待っていてくれますか？」

と言いました。私の頭の中は何がなんだかさっぱりわかりません。

その日の放課後、さらにその先生に説明を求めました。『学び合い』というのは「一人も見捨てない」ことを目的としていること。さらに三つの考え方に基づいて授業を作り上げていくことを教わりました。

「先生、明日の私の授業をぜひ観に来てください」

理科の先生はそう言いました。そこまで言うのなら授業を観に行こう。そして、T君が困りそうな授業の方法だったらすぐに止めてもらおう。そう思い、次の日の授業を観に行きました。

授業はT君のクラス（つまり私のクラス）ではなかったのですが、その一時間の授業が私と『学び合い』との衝撃的な出会いになったのです。

授業では、いつもおとなしいI君が、今までしゃべったことがないAさんのところに行って問題の説明をしていました。さらに、いつも私の数学の授業では寝ているK君がとても楽しそうに問題を解いています。机の向こう側では、普段落ち着きがないS君が隣のM君からじっくり説明をしてもらっていました…。

こんな光景をあちらこちらで観ることができました。何よりも誰も授業で寝ている人がいません。すぐに私は「こんな授業を自分もやってみたい！」と思うようになりました。

生徒たちが積極的に活動をしている『学び合い』の授業は、まさに「アクティブ・ラーニング」の授業でした。

「私もアクティブ・ラーニングの授業をやってみたい」

そう思い始めていました。

「数学でも」、さらに「私でも」アクティブ・ラーニングができるのか

とはいえ、不安はありました。それは、「数学でも」、そしてさらに「私でも」アクティ

ブ・ラーニングができるのか?ということでした。

高校数学は基本的に「公式の確認」、その公式を活用した「基本計算」、その公式や具体的な事象を活用した「応用問題」の順に単元ごと学習を進めていきます。高校生が難しいと感じるであろう「応用問題」や「公式の証明」をすべて生徒の主体的な活動、つまりアクティブ・ラーニングに任せてしまうことに最初はとても抵抗がありました。

さらに現在、私は教員になって十年が経とうとしています。教員になる前は一般企業で働いていました。そして大学も教育学部や理学部ではなく、工学部出身です。そんな私はこれまでそれほど数学に専門的に接してきたわけでもなく、まわりの多くの数学の先生の知識や技能にはとても敵《かな》わないなあといつも思っていました。今までの授業の流れは「公式の確認及びその証明」「例題の解説」「練習問題の解説」の順に、教科書すべての内容を順番に説明していました。

以前の私は、生徒の多くが納得してくれるように説明を工夫しようと努力していました。ところが、授業中に説明をしたはずの内容なのに何人かの生徒がその後、同じ質問をしてきました。「さっきの授業で詳しく説明したじゃないか」。そのセリフをぐっとこらえて再度同じ説明をしました。

一斉講義しかしたことのない私は、さらにもっとわかりやすい説明はないかと思いました。「わかりやすい」ためには、もっと教科の専門性を高めなければいけないとも考えました。そしていろいろな本の実践例にある授業を試してみました。ところが、その一回の授業は生徒が楽しそうにしてくれているのですが、それ以外の多くの授業はもとのままでした。すべての分野・単元についてとてもわかりやすい説明を考えるのは、私には能力的にも時間的にも無理なことでした。アクティブ・ラーニングにそのとき希望をもった理由には、こんな私の現状があったのかもしれません。

やってみる勇気をもらいました

まずは関連する本を読むことから始めました。そして私が住んでいる県には、このアクティブ・ラーニングの勉強会がいろいろな地区で行われていると聞き、そこに参加しました。勉強会には小学校の先生、中学校の先生、高校の先生が多くいました。しかも教科は様々です。さらに看護師さんや塾の先生、保護者や企業の方も勉強会に出席していました。

年齢も幅広く、実践している年数も違います。「えっ？ アクティブ・ラーニングって、学校の授業だけで使われるツールじゃないの？」と思っていましたが、聞いてみると、実際に仕事のツールとして使われているということでした。

勉強会の場では、どのようにやればよいのか。どんなことに注意すればよいか。もし失敗したときはどうすればよいかなど、私の疑問に対して必ず答えてくれる人たちが集まっていました。多くの先生に話を聞くと、「まず数学の授業では一時間の目標として『教科書○○ページの練習問題○○番を全員が解くことができる』とすればいいよ」ということでした。

同じ学校に実践している人がいる。そして同じやり方をやっている人が県内に多数いる。このことが、アクティブ・ラーニングをやろうとする私の背中を押してくれたのだと思います。

はじめての挑戦はどきどきしました。しかし、一度生徒にすべてを任せてしまうと、その不安は一気に消えていました。

本当に今まで私が一斉授業をしていたときより生徒は楽しそうに学び、そして学んだことがしっかりと定着している様子なのです。私にはそう見えました。どうやら、今までの一斉講義では、生徒の様子をゆっくり見ることすらできなかったのでしょう。それが一転、生徒に任せたことで、私自身に生徒を見る余裕が生まれたのです。

一時間の授業の様子

　数学の一時間分の授業の流れは大体次のように行っています。まずこの時間の目標を説明します。

「今日の課題は教科書○○ページの練習問題○番と○番を全員が解けることです」

　そして、

「この課題は何を見てやってもいいです。一人でやってもいいし、二人でも三人でもいい。どの席でやってもいいけど、今日の目標は全員達成することです。はい、どうぞ」と言います。

　この後約四十五分間は、生徒に活動を委ねます。生徒同士が、誰ができていて誰ができていないかを確認するためのツールは、黒板に貼られたネームプレートです。ネームプレートが移動していなければ、まだ問題を解いている途中か、またたは解けなくて困っているかなどの状況です。移動していれ

ば、自分は問題を解き終わり、全員が課題を解決するために、なんらかの行動をしている人です。ネームプレートは、教師の私だけでなく、生徒同士が学習の進み具合を把握できる可視化ツールです。

授業の最後に今日の課題が達成したかどうか、全員で確認する評価の時間をとります。もし全員が達成していなければ、なぜ達成しなかったのか全員に投げかけます。

「今日の授業は全員達成が目標のはずでした。達成できなかったということは、全員が目標を達成するために、自分が貢献できていなかったということです。次回はぜひ全員達成を目指しましょう。期待しています」

もし全員達成した場合は、「今日はとてもすばらしい学びをしてくれました。みんなが全員のことを考えて行動していました。次回も期待しています」と生徒を評価します。

生徒の会話を聞いて楽しむ

約四十五分間の生徒の活動時間では、生徒は実に多様な学びをします。これまでの一斉授業では見えなかったことがどんどん見えてきます。その一つが「生徒たちの会話」です。活動中に生徒たちは数学の話を中心に実に様々な会話をしています。

例えば、関数 $-\frac{2}{x^2}$ の微分をする場面では、教科書の解説通り、

$$(-2x^{-2})' = -2\cdot(-2)\cdot x^{-3} = \frac{4}{x^3}$$

と計算している生徒が多いのに対して、別の生徒が、

「ここの微分はさ、『合成関数の微分』と『商の微分』の両方使ったほうが一瞬で計算できるよ」

と近くの仲間に説明します。さらに続けて教室にある小型ホワイトボードを使って、

「$-2\cdot\left(\frac{1}{x^2}\right)' = -2\cdot\left\{-\frac{1}{(x^2)^2}\cdot 2x\right\} = 4x\cdot\frac{1}{x^4} = \frac{4}{x^3}$ って具合にね。書き出すと難しいけど、これを頭の中でやるんだ」

と、書きながら説明します。それを聞いていたもう一人の生徒は、教科書の解答にはない別の方法を教えてもらったことで、これまで学習したことをより深く学んでいる様子でした。

また別の授業では、

「連続なのに微分可能じゃないってどういうこと？」

「連続っていうのはグラフがつながっているイメージだよ。だけど、ほらこの教科書のグラフはここでつながっているけど、カクッとしているから、微分できないよね」

「そうか、つながっているけどカクッとしている場所は連続だけど微分できない」

などと、自分の言葉で説明をし、それを相手に納得してもらっている様子も観ることができました。

このような会話が生徒の活動時間中にあらゆる場所で聞こえてきます。教室の中をぐるぐる歩くだけで、生徒がどのような計算でつまずいていて、どのように克服していくかを見ることができるのです。会話は数学の話だけにとどまりません。

「この計算できた？」

「僕のやり方見ていてくれる？」

「今日の問題はとても難しいなあ」

「今日は集中してやるぞ」

「A君の説明、とてもわかりやすい」

「この計算は以前に化学でやったよね」

「塾の先生は、こんなやり方使っていなかったけどな」

などなど、生徒がいまどんな状況かが教室を歩いているだけで聞こえてきます。

これは今までの一斉授業ではなかったことです。数学の内容に関連したことだけでなく、その問題に対する気持ち、そのときの心の状態、やる気、生徒が家に帰ってどんな勉強をしているのか、まわりの生徒とどんなかかわりをしているのか、生徒の表情などいろいろな情報が、こちらが生徒に聞かなくても自然とわかるのです。授業がとても楽しくなりました。

授業で気を付けていること

毎回このような授業をしていると、ときには生徒たちの「全員達成」という意識が薄れてきていると感じることがあります。このようなときは、全員達成ができないことが続きます。授業中に生徒の様子を観ると、時間内にできた生徒がまわりの状況を気にしていないことが多いのです。時間内に終わっているにもかかわらず、まだできていない生徒の様子を見ることなく、自分で別の問題をやり始めたりします。

また、クラスが同じ人とか仲のよい友達同士だけで固まって勉強している時間が多いと、全員達成することができなくなります。このようなときは、授業の最後か次の時間の最初に「なぜ全員達成が最近できていないか」を生徒に伝えるようにしています。つまり「全員達成」がなぜ重要か、そもそもなぜ「全員」を求めるのかについて話をします。

それでも、なかなか授業の雰囲気が変わらないこともありました。そのようなときに試してみてよかったことが二つあります。

まず、「その日の目標を数学以外のことにする」ことです。生徒に「数学だからできていない」ではなく、「全員目標達成を本気で目指していないからできていない」ということに気付いてほしいからです。

目標を「全員がまわりにいる十人からフルネームのサインをもらうことができる」としました。単純に名前を自分のノートに書いてもらうだけの作業ですが、仲のよい友達だけでなく、これまで積極的に話をしなかった人からも名前を書いてもらう必要があります。積極的に「名前書いてもらえる?」とお願いしたり、「名前書いてあげるよ」と申し出たりしないと目標が達成できません。こちらが何も言わなくても、そのような姿が自然に現れます。四十人規模のクラスだと約八分で全員目標達成することができました。このような活動を目標が変わってもできるようにしよう、と生徒に伝えることで本来の目的を思い出してくれた生徒もいるようでした。

次に、「私以外の先生に授業を見てもらう」ことも生徒が主体的に活動することにつながってくれました。特に外部の先生を招いて行う「公開授業」です。参観していただくのは、アクティブ・ラーニングにとても興味のある人たちです。そのような方から注目されるという経験を通じて、公開授業が終わった後も生徒が自信をもってこの授業に取り組めるようになりました。

以上二つの場合のどちらも「全員が目標を達成する」意識を強くもってもらうことが大切だと感じています。

他に気を付けていることは、なるべく私が生徒に教えないということです。一人の生徒に教えることで、本来の授業の目的である「全員が一人も見捨てない」ことを教師が逆に邪魔してしまうからです。

これは、これまでの一斉授業では考えられないことだったので、始めた当初は私自身が守れませんでした。白状すると、今でも守れていないことが多々あります。しかし実感として、生徒に近づいていって教えることが多くなると、全員達成ができにくくなるようです。これはこれからも気を付けていかないといけないと感じています。
生徒にとって数学の授業は毎日あります。たとえその日に目標達成ができなかったとしても次につながる活動をしようとしてくれる生徒が多くなるように心がけようと思います。

生徒はどんな感想をもっているのか

では、実際授業を受けている生徒はどのような感想をもっているのでしょうか。アクティブ・ラーニングを始めた当初にとったアンケート結果です。

「この授業にしてみてどうですか」

- わからないところを授業中に気軽に聞けるからよい。
- 友達とだから、わからないところを聞きやすい。
- 自分のペースで問題が解ける。人に左右されずにゆっくり考えることができる。
- それぞれがまずは人の力を借りないで自分の力で解こうとしているところがよい。
- まだよくわかりません。
- 先生の考え方ではなく、いろんな人の意見が聞けて、それを取り入れて問題を解ける。

- 友達と話し合いながら理解できる。
- わからないところを聞ける・話し合える。
- 堅苦しくなくてよいと思う。
- 眠くならない!!
- 他の人とのコミュニケーションがとれる。
- 助け合うことができる。
- わからないところをすぐに聞けるし、相手がわからないところを教えられるので、お互いに理解度が高くなる。
- 自分のやり方に集中できる。教えることでそこでもまた理解できる。本当の意味で。
- お互いに助け合える。
- みんなで解けること。
- 教え合える。
- わからなくてもわかっている人が教えてくれる。
- 寝てしまうと授業について行けないので、寝ないようになった。
- 楽しい。

生徒はおおむねこのアクティブ・ラーニングの授業に好意的です。同時にとったアンケートによると、「この授業はこれまでの一斉授業の形式よりよい」と答えた生徒は八割以上にもなりました。残りの約二割は「どちらかというと一斉授業がよい」が四人、「一斉授業がよい」が一人でした。この結果自体を生徒に還元して、「では、みんながみんなでできるようにするにはどうする？」と問いかけ続けることにしました。

現在でもまだ一人は「一斉授業がよい」と答えていますが、クラスの多様性を受け入れつつ、でも「先生はこの授業がみんなのためになると信じています」と常に言い続けようと思います。

最近のアンケートでは、先のような感想に加えて、

- 自分がわかった後、まわりの人に教えに行くことができた。
- まだまだ他の人に教えることができないが、次回は教えられるようになりたい。
- まず自分で最初に解いてまわりの人に教えることができたが、クラスを超えて別の人に教えることが今回はできなかった。

など、目標の全員達成に向けて努力していこうという生徒が出てきました。

他教科の先生と授業の会話をする

アクティブ・ラーニングをするようになって、最も変わったのは他教科の先生と生徒のよかった点や授業の目標について、多く話をするようになったことです。

「今日の授業では、あのI君がとても元気でね。難しい目標だったんだけれど、最後まで一生懸命頑張っていたよ」

「最近Oさんが元気ないね。どうしたんだろう」「あれ？　私の授業ではそんなことないですよ」

「あのいつも静かなT君が、K君から質問されてニコニコしながら答えていたよ」

「いつも練習問題を解く課題にしていたんだけど、今日は解いた後、三人にその説明をするという課題にしてみました。生徒は積極的に頑張っていたけど、時間が足りなくて目標達成できませんでした」

「次の授業の目標をプリントにしてみました」

「新しいアンケート作ってみました。一緒にやってみますか」

「今度合同で授業をやってみませんか」
「次の授業見学させてもらえますか」……。
このような会話が、普通にできるようになりました。

自信がもてる

私自身にも大きな変化が現れました。以前一斉授業をしていたときは、教科指導と生徒指導の一貫性がありませんでした。普段ホームルームでは「主体的に行動しなさい。考えなさい」と言いつつ、授業では「静かに前を向いていなさい」と言い、生徒の主体性を殺していました。

ところがアクティブ・ラーニングをするようになって、授業のときも「主体的に行動しなさい。考えなさい」と言えるようになりました。二十四時間同じ主張をすることができることで、ある種の「後ろめたさ」がなくなりました。鉛筆に芯があるように、私自身の中に考え方の「芯」ができた感じです。

そうすると、普段ホームルームで生徒にしゃべる内容も「目標をもって、自分で考える。全員がやり遂げることが大切だ」ということを、自然に言えるようになってきました。

さらに、この授業は長年の学術的なデータに裏付けされたもので、多くの先生方が実践されているため、私自身が独りよがりにならないこともよい点だと思います。うまくいかないことがあっても、一人で悩まなくてもよいという安心感があります。だから、次の日になっても「さあ今日もやろう！」となります。

これからの課題

それでもまだまだ足りないこともあります。

まず、生徒に合わせた目標を設定できるようにすることです。日によって「今日は早く終わってしまった」や「今日は時間が足りなかった」など、課題の難易度や量を均一に設定できていない気がします。さらに、練習問題だけでなく、生徒がつまずきやすい計算や説明の仕方に着目した目標設定を考えてみることも必要だと思います。

これらを解決するやり方として、例えば一時間ずつこまごまと目標設定をするだけでなく、一つの単元を何時間かに分割して、単元を丸ごと課題にし、複数回の授業で目標が達成できたかを評価する仕組みにすることも必要だと思います。

さらに、授業だけでなく、クラブ活動やクラス運営でも同じようにどんな目標にしたらよいのか、生徒と一緒に考えていくことができれば生徒も授業に本気になって取り組んでくれると思います。

実はこれらの改善内容は、私自身のアイデアではなく、すべて本や勉強会で教えていただいたものです。このアクティブ・ラーニングを取り入れている人が身近にいるということは本当に心強いことだと感じます。高校の学習指導法は、これから教科の枠を飛び越えていくのだと実感しています。

「数学の教師」から「学校の先生」へ

いま、小学校や中学校では、このアクティブ・ラーニングを取り入れている学校が多くあります。そのような学びを経験した生徒が高校に進学していきます。そして三年間をさらに「一人も見捨てない」生活を続けていくことで、まわりの人が困っているときは自然に助けてあげることができる、逆に自分が困っているときは自然に助けてもらえるという当たり前の世の中になります。

そのような社会の実現に、数学の授業も貢献していると実感しながら授業をすることがとても楽しくて仕方ありません。これからも担当教科は「数学」ですが、授業の中で「自分は社会の一部だ」と気付ける生徒を育てる一人の「学校の先生」でありたいと思います。
冒頭で登場したT君は、現在ほかの部活で活躍し、部活動とクラスの両方でムードメーカーとして元気に学校生活を送っています。

だれもかれもが力いっぱいにのびのびと生きてゆける世の中
だれもかれも「生まれて来てよかった」と思えるような世の中
じぶんを大切にすることが同時にひとを大切にすることになる世の中
そういう世の中を来させる仕事がきみたちの行くてにまっている
大きな大きな仕事
生きがいのある仕事

吉野源三郎『君たちはどう生きるか』（岩波書店）より

第6章　英語科における アクティブ・ラーニングの実践

仲田　毅
立命館宇治中学校・高等学校

『学び合い』との出会いから現在まで

私は、前職である新潟県内の公立高校に勤務していた二〇〇九年から二〇一〇年に、上越教育大学教職大学院で学ぶ機会をいただきました。教職大学院のカリキュラムは、グループワークを中心とした三カ月の座学と近隣の小中学校でそれぞれの学校が抱える課題解決をサポートするフィールドワークで構成されていました。

フィールドワークに関しては、学校課題に関係の深い領域を専門とする教授と、その領域に対して興味・関心をもつ大学院生がチームを組みます。私は、英語教育でタスクとタスク活動による生徒の学力向上を自分のテーマとしていましたので、当時はまったく知らなかった『学び合い』を研究している西川純先生のチームにお世話になることになりました。

サポートを行う小学校で、初夏にはじめて見学した『学び合い』の授業は、体育館に一年生から六年生までの全校生徒を集めて学習する異学年の『学び合い』でした。教科は算数で、それまで学習していた単元に基づいて学年ごとに課題が教員から提示され、それを一単位時間で全員が達成することが求められました。

生徒が、同学年や上級生・下級生とコミュニケーションをとりながら学ぶ姿、そのダイナミズムを目の当たりにして、勤務校での高校生たちの姿がフラッシュバックしました。

当時、私が働いていた高等学校はその地域でトップの進学校でした。夏が過ぎ、部活の全国大会予選のシーズンが終わると三年生の教室は一気に受験ムードになります。毎年、放課後の教室巡回でよく目にする光景がありました。教室に残って学習する生徒たちのうち、同じ志望校を目指す有志が集まって学習会を開いているのです。

黙々と学習に打ち込むときもありましたが、ある日は数学が得意なA君が、またある日は物理が得意なBさんが黒板を使って他の生徒たちに説明していることもありました。そのときは、自主的に頑張っている姿に目を細めていただけでしたが、実はそれこそがそのとき目の前で起こっている『学び合い』であったことにはたと気付いたのです。

短時間で教員一人では生み出せない大量の学習内容に関する情報が生徒間を行き交い、莫大《ばくだい》なインプット・アウトプット、そしてフィードバックが生まれることで、すべての生徒が脳を働かせて学習にコミットできる『学び合い』は、生徒の学力を驚異的に伸長させる可能性をもつことを確信しました。その後、この授業を高校生にもぜひ実践したいという一心で、勤務校の校長に教職大学院との連携を提案し、英語の学力向上という学校課題を設定していただくことで、フィールドワークの機会を得ました。

実際のフィールドワークでは、高校三年生の英語ライティング授業を二クラス担当し、四月から通常授業が終わる十二月まで『学び合い』の考え方で指導を行いました。また、通常の授業に加えて、少人数による『学び合い』授業も行いました。

一般的に新潟県の進学校では三年生を対象として十二月から三月まで、大学入試センター試験と各大学の二次試験に向けた特別編成授業が実施されます。私は過去にも指導経験があるため、一月下旬から四名の京都大学志願者の英語を担当しました。それまでは一斉指導形式で問題演習や添削を中心に授業を構成していましたが、『学び合い』の考え方に基づいて、過去問題の分析や解答のプロセスを記述することを家庭学習課題として与え、授業時間ではそれぞれの生徒の成果を自由に発表し比較検討させて、各自の正答率を高めていく授業を行いました。その結果、三名の生徒が現役合格を果たすことができました。

教職大学院を修了して別の進学校に異動してからも、引き続き『学び合い』授業による学力向上を自らのテーマに据えて実践を行い、主に英語を苦手とする生徒を担当しました。昨年度からは、ご縁をいただき新潟県を離れて、京都の現任校で高校英語を担当していま す。現在は主に理系の生徒を対象に、英語による科学分野の理解や学校設定科目である卒業研究を英語で表現できることを目標とした『学び合い』を実践しています。

本章では、これまで七年間にわたる私の実践から得られた知見を皆さんにご紹介します。本稿が、皆さんのかかわるすべての生徒の英語力向上と、英語学習を通した人格形成の一助となれば幸甚です。

『学び合い』＝アクティブ・ラーニング

下村文部科学大臣の発言から、アクティブ・ラーニングというタームが脚光を浴びています。全国でアクティブ・ラーニング研究会が相次いで発足し、様々な研究や実践が進んでいるようです。

私たちは『学び合い』の考え方に基づいた授業こそ、最も本質的にアクティブ・ラーニングを具現化した教授・学習法であるという立場をとっています。その理由について説明する前に、アクティブ・ラーニングの定義を引用します。出典は平成二十四年八月二十八日付の中央教育審議会答申「新たな未来を築くための大学教育の質的転換に向けて～生涯学び続け、主体的に考える力を育成する大学へ～（答申）」の用語集によります。

教員による一方向的な講義形式の教育とは異なり、学修者の能動的な学修への参加を取り入れた教授・学習法の総称。学修者が能動的に学修することによって、認知的、倫理的、社会的能力、教養、知識、経験を含めた汎用的能力の育成を図る。発見学習、問題解決学習、体験学習、調査学習等が含まれるが、教室内でのグループ・ディスカッション、ディベート、グループ・ワーク等も有効なアクティブ・ラーニングの方法である。

ここで注目すべきは、アクティブ・ラーニングは、発見学習、問題解決学習、体験学習、調査学習、グループ・ディスカッション、ディベート、グループ・ワークのような学習方法を指しているのではないという点です。それらはすべて方法であり、冒頭に述べられている「学修者の能動的な学修への参加」を実現させるための手段にすぎないことを踏まえておく必要があります。

私たちは、『学び合い』の考え方に基づいた授業が、集団で学ぶすべての生徒が能動的に学習する上で最適の形態であるという学術研究の結果に導かれて実践を行っています。『学び合い』は、ある小学校の先生の授業分析から始まり、様々な授業方法の試行を経て一般化された教育技術です。

例えば『学び合い』の授業では、一時間目に教員が特定教科の陶冶《とうや》価値を生徒に伝えることから始めます。志望大学に合格することや英検準一級を取得するという目標は、あくまでその先にある大きな目標を達成するための手段にすぎないことを明示します。

そして、特定の教科や科目を学ぶ本来の価値は、自分の人生や将来を豊かで幸せに導くことにあると真剣に説きます。なぜならば、そのような見通しと価値を生徒が理解することなしに、彼ら、彼女らの能動的な学修など生じるわけがないからです。

そんなことは自明であると一笑に付す方々がいらっしゃいますが、私は新潟でも京都でも、多数の生徒や卒業生たちから、「なぜ英語を学ぶのか、その価値は何かをきちんと教えてくれたのは後にも先にも先生だけです。だから先生の授業は自分から勉強したいという気持ちになれました」というコメントをもらっています。

また、『学び合い』の研究は、一斉指導で教員が計画した指導に従って生徒が単線的に学ぶ方法では、四十人学級ですべての生徒を能動的に学習させることができないことも学術的に明らかにしています。『学び合い』では、授業時間内で学習者の能動的な学習の機会を保障し、汎用的な能力を育成するために、教員が主導する指導時間を極限まで減らします。その一方で、学習・教授に関して生徒に責任を負わせることができない「学習目標の設定と評価」に関しては、すべての生徒が理解できるように綿密に計画し提示します。それらは具体的に次の三項目に集約されます。

①シラバスの作成と単元の配当時間、一単位時間の課題や目標の設定と提示（家庭学習課題もシラバスに含む）

②ルーブリックやCan-Doリストの作成と学習内容の評価

③生徒が学習するために必要となる教材や教具の整備（図書館、ＩＣＴ機器）

右記はいずれも、教科指導について考える上でその重要性は自明とされていますが、先の引用元の答申の中では、例えば、

授業計画（シラバス）の充実

学生に事前に提示する授業計画（シラバス）は、単なる講義概要（コースカタログ）にとどまることなく、学生が授業のため主体的に事前の準備や事後の展開などを行うことを可能にし、他の授業科目との関連性の説明などの記述を含み、授業の工程表として機能するように作成されること。

のように、大学教育においてさえ改善を求められています。授業内の指導は極力行わず、シラバスで計画した一年間（あるいは三年間）の工程通りに学習を進めるためには、現状

の生徒の英語力、卒業時の学習到達度の設定、生徒集団のもつ伸びしろ、適切な教材の選定、i+1のインプットやscaffoldingを意識した課題作成等、授業設計を綿密に練る必要があります。

このようにアクティブ・ラーニングについて深く理解すればするほど、『学び合い』の考え方との相似性は明らかとなります。そこで私たちは、『学び合い』とアクティブ・ラーニングをほぼ同義であると捉えて、これ以降『学び合い』と記述すべき箇所には、より広く認知されようとしている「アクティブ・ラーニング」という用語を使用します。

高等学校の英語授業でのアクティブ・ラーニング

では、具体的にアクティブ・ラーニングの授業の流れを紹介します。アクティブ・ラーニングにおける教員の指導は基本的に次の三項目です。

(一) 英語を学ぶ価値のインストラクション

前で述べたように、「学修者の能動的な学修への参加」を実現させるためには、何よりもまず英語を学ぶ価値を伝えなくてはなりません。そんなものはタテマエにしかすぎないので、生徒には響かないと思う方々もいらっしゃると思いますので、身近な例で考えていただくことにします。

ある日、職員会議で管理職が、「これから勤務時間内は必ずスーツを着用してください。保健体育科の先生方も、体育の時間以外は着用を義務付けます」と宣言したら、職員はどのように反応するでしょうか。いくら理由を聞いても「もう決定したことですので」の一点張りです。

さて、それだけで職員は納得してスーツを着用するでしょうか。答えはノーです。しかしこのとき、管理職が「保護者面談時に先生方はジャージで応対しますか。そうしないのであれば、生徒は子どもだからジャージでよいのでしょうか。それで生徒の人格形成ができるのでしょうか」という理由を一人ひとりの教員の目を見ながら真剣に伝えたらどうでしょうか。少なくとも、理由を伝えないときに比べてはるかに多くの先生が納得されると思います。

今年度四月の授業で、私は生徒におおむね以下の内容で英語を学ぶ価値のインストラクションを行いました。

「いま見たビデオのようにＯＥＣＤの試算では、世界のＧＤＰのうち日本の占める割合は、現在の7％から二〇三〇年に4％にまで低下する。その主要な原因は高齢化だ。二〇一三年現在の日本の労働人口は約六千六百万人だが、二〇六〇年は42％減少し三千八百万人になる。この状況で経済活動を支えるためには二つの手段しかない。

一つは海外から大量に労働者を移住させること、もう一つは、日本人が海外に出て働くことだ。いずれにせよ君たちは、将来ほぼ全員が日本人以外の人々と暮らす可能性が高い。さらに、インターネットで使用されている情報の半分は英語である。既に経験しているように、現代はいかに迅速に必要な情報を手に入れられるかが重要になってくる。これが、私が信じている英語を学ぶ価値だ。

英語を身に付けたほうが、君たちの将来が幸せになる可能性は確実に高くなる」

もちろん、価値づけは時代背景や対象とする生徒によって変わります。私は前任校では教育基本法の人格の完成と関連づけて価値づけを行っていました。

重要なのは、皆さんが心から信じることができ、児童や生徒だけでなく保護者にも胸を張って伝えることができる価値であることです。

(二) 課題の提示

生徒に与える課題ですが、まずは家庭学習課題は設定せずに、一単位時間に課題を二つ程度設定することから始めて、徐々に家庭学習を含めた学習サイクルにしていきます。最終的には、読んだり聞いたりした内容について授業で情報交換し、家庭学習でサマリーを作成しそれに対する自分の意見を含めて発表するようなインプット→インテイク→アウトプットのサイクルを二~三単位時間かけてアクティブ・ラーニングで行います。左記に、知識・技能別に私が実践してきた課題を簡単に紹介します。

① 文法のアクティブ・ラーニング

文法学習では、誤文訂正問題を課題とすることが多いです。例えば、次の英文の誤りを指摘し、それを説明させる、という課題を提示します。

＊ He arrived Kyoto.

＊ He reached at Kyoto.

文法用語はメタ言語なので、他者に言語構造を説明する状況ではじめて使用する必然性が生まれます。前出の英文が誤っていることを説明するためには、自動詞と他動詞の概念を理解していなければなりません。参考書の章立てに従ってあらかじめ問題を冊子にして生徒に渡して、家庭で解かせて授業では生徒同士で説明させると、学習進度を上げることができます。

②　語彙《ごい》のアクティブ・ラーニング（ICTを活用して）

Google Docsで共通に作業ができるスプレッドシートを作成し、生徒にアクセスさせます。表にはリーディングやリスニング教材の新出単語をあらかじめ書き入れておきます。課題は、単語の意味とその単語を用いた例文を打ち込んで表を完成させることです。生徒はスマートフォンでもアクセスできる共有のシートを持つので、以後インプット活動の際には五分程度の短い時間で同様の課題を設定します。この単語リストを用いて小テストを生徒に作成させることや、スピーキングやライティング活動の際に活用させています。

③　リーディング・リスニングのアクティブ・ラーニング

リーディング・リスニングは、一斉指導でも一般的である、本文の内容に関するT-F Questionやオープンクエスチョンを課題として提示します。また、英語記事を教員がプレゼンテーション原稿にリライトして発表するのを視聴して、どのような意図で書き換えが行われているかを考えさせる課題も有効でした。さらに発展して、TOEFL iBTの技能統合型の設問に近い、テキストを読んだ後に別のテキストをリスニングして、二つのテキストの関連性や視点の違いをまとめさせる課題の開発に取り組んでいます。

④ **スピーキングのアクティブ・ラーニング（ビデオ教材を活用して）**

スピーキング活動が生徒にとって難しいのは、自分の考えを即座に英語で表現しなければならないからです。それと比較すると、動作を英語で描写するのははるかに負荷がかかりません。この点を考慮して、生徒に短い動画を視聴させて、そこで起こっていることを英語で説明させる活動を実践しています。

また、自分の意見や考えについても、いきなりまとめさせるのではなく、ＴＥＤやMIT K-12を何本か視聴させて好きな動画を選び、その内容を他の生徒にもわかるように英語でプレゼンテーションし、そこに自分の考えを含める課題を与えています。

⑤ **ライティングのアクティブ・ラーニング**

読んだり聞いたりしたテキストのサマリーを書かせることを課題にし、論理的な文章であれば、主題、主張、主張を支える論理、論理に説得力をもたせる具体例や客観的事実、結論が明らかになるようにワークシートを工夫します。

伝記や小説であれば、時間軸に沿って人物の行動を整理するようなワークシートを作成します。また、スピーキング活動の直後に自分の話した内容を書かせて、そのシートを他の生徒と交換してコメントを書かせてリライトさせる課題もあります。

(三) 評価

どのように評価するかは、授業のはじめに課題とともに提示し、評価は授業の最後に行います。文法指導では、確認テストで全員が達成しなければならない最低点を設定します。アウトプット活動では、スピーキングやライティングのループリックを渡して全員が達成しなければならない最低基準を明示します。

アクティブ・ラーニングでは、個人の評価に先んじて課題の全員達成を求めます。その理由は主に二つあります。一つは、生徒同士のインタラクションを活性化させるためです。課題を個人のレベルのみで評価すると、学力の高い生徒や授業を行う教科・科目に興味・関心の高い生徒だけで集団を構成してしまいます。これを避けるために、全員が課題を達成しなければ評価されないルールを設けるのです。

もう一つは、集団全体の学力を引き上げるためです。受験指導を経験すれば自明になりますが、学年全体の学力を引き上げる際に手を入れるべきは上位層ではなく下位層の生徒たちです。下位層の生徒を引き上げると、中位層に厚みが生まれ、その中から上位層に転じていく生徒が増えます。上位層が増えれば、高いレベルでの競争意識が生まれて、さらに伸びていくのです。全員達成を求めると、学習集団における上・中位層の生徒が下位層をサポートする行動を目にするようになります。

授業の最後では、評価基準を全員が満たしているかを確認します。もし達成できていなければ、何が原因だったかをフィードバックしますが、教員だけでなく生徒同士で話し合わせて改善させることも必要です。個人の評価は、点数が出るものであれば点数で評価し、アウトプット活動ではルーブリックに従い個別に評価したものを生徒一人ひとりに返却した上で、生徒同士で話し合わせてリフレクションさせます。

高等学校におけるアクティブ・ラーニングの留意点

高等学校でアクティブ・ラーニングを実践する上で、留意しなければならないポイントがいくつかあります。私たちは、基本的にアクティブ・ラーニングは特定の教科・科目、校種（小・中・高等学校）にこだわらない汎用性のある教授・学習法と考えています。しかし、入試での選抜方法をはじめ様々な外的要因により、高等学校の実践においては若干の工夫が必要であり、それらを次の四点にまとめました。

(一) 生徒集団の学力層

これまで、一斉指導も含めて英語の苦手な生徒や低学力層の生徒たちに自由度の高い活動を提示してもうまくいかないことが多くありました。逆に、英語の得意な生徒や学力が高い層の生徒たちに、機械的な反復練習を行って反発を受けたこともありました。経験からわかってきたことは、一般的に、低学力層の生徒は学習ストラテジーやメタ認知能力を獲得していないため、自由度の高い活動やオープンな課題を設定すると何をどうしていいかわからなくなり混乱してしまうようです。

その一方で、高い学力を有する生徒は、学習方略をもち自己をモニターできるため、制約が多い活動やドリルのような演習を嫌い、より自由度の高いオープンな課題を好む傾向にあります。

アクティブ・ラーニングでは、対象となる学習集団が多様であるほどその成果が顕著に現れます。ところが、多くの高等学校では入学試験で生徒は学力で輪切りにされて入学します。皆さんの教える生徒集団の学力層が総じて低い場合は、アクティブ・ラーニングで保障されている自由度がかえって生徒の負担となるときがあります。

集団の学力が低い際には、生徒に提示する課題をなるべくシンプルにする工夫が必要です。例えば、一つの文法項目をターゲットにして、例文から少しだけ単語を変えたドリルの全問正解を目標とする課題や、教科書本文の穴あきや並べ替えを制限時間内に音読することを達成目標にすると、生徒は何をすればよいかが理解できるため、安心して学習に集中します。その際、設定する課題の難易度は上位20%の生徒が自分たちだけで正解を導くことができるように配慮することが肝要です。

(二) 上位20%の生徒

アクティブ・ラーニングで、授業を主体的にコントロールしているのは学習集団の上位20%の生徒たちです。この層の生徒たちは、授業で自分の学習状況だけでなく集団全体の学習状況をも把握する能力を有しています。さらに、提示される学習課題がどのようなスキルの獲得をねらっているか、それがシラバス全体の中でどのような意図で位置づけられているかを見抜く生徒さえいます。

そして、この層の生徒集団がアクティブ・ラーニングで学力が向上することを信じられるか否かが、成否の鍵を握っているのです。自分の学びを俯瞰できるような極めて高い学力を有する生徒たちは、教員が説明しなくとも経験からアクティブ・ラーニングの有効性を十分に理解できます。しかし、成績は上位でもそれまで一斉指導による学習を中心に学力を付けてきた生徒にとっては、他の生徒とコミュニケーションをとりながら自主的に学習を進めることが無駄な活動であると感じてしまうことがあります。

上位20％の生徒がこのような考え方に傾くと、授業が崩れていきます。私も実際に「こんな授業は時間の無駄なので、先生がしっかりと教えてください」「覚えるべきポイントと、説明をきちんとしてくれないと何をやっているのかわかりません」という厳しい言葉を受けたことがあります。なかには理屈をきちんと説明してわかってくれる生徒もいますが、少数であったように思います。

解決策は、逆説的ですが一斉指導の授業を数時間行ってみせることです。そのねらいは、一斉指導でもきちんと指導ができる教員であることをその層の生徒たちに認めさせるためです。このような不満が出るときは、たいてい生徒たちは教員の教科に関する知識や一斉指導力を疑っています。そこで、きっちり一斉指導の授業を見せてから、自分は一斉指導もできるがアクティブ・ラーニングがより優れた授業であるから、こちらを選択していると説明すれば生徒は納得します。

（三）家庭学習のマネジメント

英語力の向上に絶対的に必要なのは、学習量であることに異論はないと思います。学習量を保障するためには、授業進度のコントロールと家庭学習の定着が不可欠です。

一斉指導中心の授業で私が心がけていたことは、学習内容を言語理解と言語使用の二つに分けて、どちらかは家庭学習課題として設定することでした。例えば、文法指導では文法項目の説明は授業で行い、練習問題を家庭学習に課して定着を図ります。この場合、授業ではできるだけ演習をさせずに最低限の例題解説にとどめることで、授業進度を担保します。逆に、プレゼンテーション等の言語活動が授業の中心となる場合は、必要となる語彙や定型文のような言語材料をブックレットにして生徒に渡して家庭で事前に準備させます。

アクティブ・ラーニングをすると授業の進度が落ちるという指摘や、十分な学習量を保障できないという批判がありますが、授業に参加するためには必ず家庭で学習しなければならない課題を設定することで解決できます。大学のゼミでの読書会のように、事前に論文を読んでこなければ他人に迷惑をかけてしまうような仕掛けを作ればよいのです。

また、家庭学習が定着していない生徒集団については、はじめは欲張らずに言語内容の理解に関する授業時間を一時間、理解した内容に関する言語活動の授業時間を一時間設けます。その上で、言語活動に関する課題を徐々に家庭学習課題に移し、授業内で他の生徒と確認させるとうまくいきます。

(四) 教員はインストラクターではなくファシリテーター

先に述べたように、アクティブ・ラーニングでは、授業時間内で学習者の能動的な学習の機会を保障し、汎用的な能力を育成するために、教員が主導する指導時間を極限まで減らします。

教員の指導は、基本的には授業のはじめに一時間あるいは一単元の課題とルーブリックを提示し、授業の終わりに評価するだけです。指導はそれだけですが、授業中は生徒の能動的な学習を促すための役割を果たす必要があります。具体的には、生徒間の情報共有が促進されるように、生徒の発話や行動を観察し、有益な情報を集団全体にフィードバックするファシリテーターとしての役割です。

その際に強く意識しなければならないのは、あくまで「指導はしない」ということです。最も簡単なフィードバックは、生徒の発話をそのままオウム返しで生徒全員に聞こえるように繰り返すことや、生徒の行動を客観的に描写することです。「Aさんは○○はわかるけど、△△がわからないって言ってるよ」「They've already finished questions on the 1st paragraph.」等により、課題解決に有益な情報や他の生徒の進捗《しんちょく》状況が集団全体にシェアされます。

また、指導を離れることで、生徒をつぶさに観察できるので、個々の生徒の文法事項の理解度、言語活動の場面での熟達度、学習意欲等の把握が可能となり、それをシラバスの確認や修正にフィードバックすることができます。

アクティブ・ラーニングと生徒観・学習観・学校観

私がアクティブ・ラーニングを実践するのは、児童・生徒たちの「わかった！」という喜びの声が聞きたいからです。これまで三つの小学校と三つの高等学校で実践を重ねましたが、彼らが真剣に何かを学び、それを自分で理解できたときに見せる表情は、すべて同じでした。実践を通して、私はどんな子どもでも世界を了解したいという気持ちをもっていることを常に確認することができますし、ひいては私自身もまだまだ成長できる存在なのだという自己の可能性を信じることにつながっています。

また、自分たちだけで発音練習し、卒業スピーチを英語で発表する小学生や、わからない生徒に最後まで諦めずに説明する高校生たちの姿の中に、日本の将来を担う若者の息吹を感じ取ることができます。

英語の教科指導では、目標と学習と評価を一体化させる必要性を認識できたことが大きな収穫でした。一時間の学習内容と評価を構成するためには一単元の学習内容と評価を想定しなければなりませんし、そのためには一年間のシラバスと評価が決まっていなければなりません。また、授業中のある一人の生徒の発言や行動が集団の中でどのように情報伝達されて拡散するのか、そしてどこまで共有されたときに集団全体の学びが変わるかを分析することができました。その経験は学級経営や生徒指導で大いに活用することができ、生徒集団の思考の流れや行動をある程度予想して様々な状況に前もって対処できるようになったことが実感できました。

私の理想とする授業は、目標を設定し、達成のために計画を立て、実行し振り返るサイクルを生徒だけで行う授業です。

社会のグローバル化が、学校のあり方を揺さぶっています。すべての学校が一日も早く、一方的にある価値を生徒に押しつけ、管理、統治するような存在から、多様な価値を尊重し、児童や生徒の自治のもとで、新たな価値観を生み出す存在になることを強く願い、筆を置かせていただきます。

ここから先は皆さんの出番です。さあ、始めましょう！

第７章　理科における
アクティブ・ラーニングの実践

大野　智久
東京都立国立高等学校

感じていた違和感

高校で生物を教えてもう十年が経ちました。その最初から変わらずもっているコンセプトが二つあります。

まずは「生物は暗記科目ではない」ということ。大学入試などを見ても、「とにかく覚えて、それを吐き出すだけ」という問題が多いことも現状では事実です。しかし、生物は様々に思考が展開し、それを楽しむことができる科目です。単なる暗記にとどまらない生物学のおもしろさを伝えたいとずっと思ってきました。

次に、「生き物はすごい！」ということ。生物学を学べば学ぶほど、生き物たちのすごさに驚かされることばかりです。そのすばらしさを知ってほしい、そしてすべての生命をリスペクトできる人間になってほしいと願ってきました。

このようなコンセプトを大切にして、生徒との問答を主体とする双方向授業の流れを数年で確立すると、私語や睡眠が減り、生徒の集中力もある程度高まる「おもしろい授業」を展開できるようになりました。

しかし、それは非常に表面的な中身の薄いものだと思い知らされる出来事がありました。

それはある卒業生との対話。

高校時代に非常に熱心に授業に取り組んでくれた「よい生徒」だったのですが、四年後に会ってみると、何も彼らに残せていなかったことに気付かされました。しばらく立ち直れないほどに落ち込み、自分が目指し、実践してきた教育がどうしようもなく無力なものに思えました。

『学び合い』との出会い

アインシュタインの言葉に、「教育とは、学校で習ったことをすべて忘れた後に残っているものである」というものがあります。

以前から、「細かい暗記なんてどうでもいい」と思ってきましたが、卒業生との対話を境に、「本当に大切なことを伝えられる教育がしたい」と強く感じるようになりました。しかし、それが具体的に何なのかわからず、様々に情報収集をしながら考える日々を過ごしました。

そんなとき、「社会人基礎力」に出会いました。自分はこういう力が身に付く授業がしたいと思いました。

少しだけ未来が開けてきたそんなささやかな興奮を、同じ生物の大先輩である先生に話しました。すると、その先生から「『学び合い』って聞いたことある?」と言われ、そこから「教師が教えない授業」についてはじめて聞きました。

正直、どんな授業なのかうまく想像できませんでしたが、その先生が「残りの教員人生をこれに懸けてみる」と力強く語るのを聞き、一緒に乗ってみようと自然と思えました。

これが僕と『学び合い』の出会いです。

以後、様々に試行錯誤を続けて現在に至っていますが、すべての教育活動には『学び合い』の考え方があり、常に「生徒主体の活動」を意識しています。授業の展開は、まさにアクティブ・ラーニングそのものです。『学び合い』という考え方を実現するためには、「形」としてのアクティブ・ラーニングが欠かせませんし、表裏一体のものであると言えます。そこで、以後では特に「形」としてのアクティブ・ラーニングの有効性について述べていきます。

〈3つの能力／12の能力要素〉

前に踏み出す力（アクション）

～一歩前に踏み出し、失敗しても粘り強く取り組む力～

主体性
物事に進んで取り組む力

働きかけ力
他人に働きかけ巻き込む力

実行力
目的を設定し確実に行動する力

考え抜く力（シンキング）

～疑問をもち、考え抜く力～

課題発見力
現状を分析し目的や課題を明らかにする力

計画力
課題の解決に向けたプロセスを明らかにし準備する力

創造力
新しい価値を生み出す力

チームで働く力（チームワーク）

～多様な人々とともに、目標に向けて協力する力～

発信力	自分の意見をわかりやすく伝える力
傾聴力	相手の意見を丁寧に聴く力
柔軟性	意見の違いや立場の違いを理解する力
状況把握力	自分と周囲の人々や物事との関係性を理解する力
規律性	社会ルールや人との約束を守る力
ストレスコントロール力	ストレスの発生源に対応する力

※引用：社会人基礎力（経済産業省）

「自分の目で見て、自分の頭で考える」力を引き出す

理科という教科の特性として、学習指導要領にもある通り、「科学的な見方や考え方を養う」ことが挙げられます。このような力を育成するためには、何事も鵜呑《うの》みにせず、常に疑問をもち、考え抜いていくような態度が求められます。

授業では、「自分の目で見て、自分の頭で考える」ということを繰り返し伝えています。「自分の目で見る」とは、何事も鵜呑みにしない「つっこみ力」を養おうということです。「自分の頭で考える」とは、誰かが決めた絶対解ではなく、自分なりの納得解を見いだす力を養おうということです。このような力は、理科という教科を通じて身に付けてほしいことではありますが、一度身に付いてしまえば、非常に汎用性の高いスキルとなります。

「教員主導の一斉講義型授業」では、「先生の言うことをよく聞いて理解し、試験できちんと答えを書けるようにする」という、上記とは逆のプロセスをたどることにもなりかねません。

そこで有効なのがアクティブ・ラーニングの導入です。

教科書や資料集等のテキストをどのように読み解くかは人それぞれです。文章や図で説

明されていることが、そのままますんなりと理解できる生徒とそうでない生徒がいます。文章に引っかかっている生徒は、読解力がないという場合だけでなく、むしろテキストを深く読みすぎていて、本質的な疑問をもって立ち止まっている場合もあります。一人ひとりがどんな課題をもっているのかを教員がすべて把握することは不可能です。だから、学習を生徒たちに任せます。

するど、生徒たちはそれぞれに目の前のテキストや課題と向き合い、仲間の力を借りて、ときにつっこみを入れながら、自分が納得できる解を求めて学びを深めていきます。単に教科の内容が理解できたというだけでなく、そこに至るプロセスで自然と「自分の目で見て、自分の頭で考える」力が身に付いていきます。

また、理科の中でも生物という科目の特性として、「生き物のすごさ」を伝えるということがあります。そのために、「今日の一品」という名目で、毎回何か生き物を教室に持って行くことにしています。詳しい解説は行わずに、疑問だけを投げかけます。すると、興味をもった生徒たちが集まり、思い思いにディスカッションを始めます。生き物の不思議さ、おもしろさ、奥深さ……。アクティブ・ラーニングによって、授業は、そんなことが自然と感じられる場になります。

授業のデザイン

理科におけるアクティブ・ラーニングの有効性を紹介しましたので、次に具体的な授業のデザインについても紹介したいと思います。授業プリントは、次のような構成になっています。

①タイトル～サブタイトル：単元名と重要ポイント
②目的：今日の授業で全員に達成してほしいと思っていること
③課題：授業の目的を達成するための手段（多くの生徒は課題を順番にこなす）。
④発展課題：単元の内容に関係した発展的な課題。知識の点をつなげることが目的。
⑤参考資料：教科書の内容を補う内容。あくまでも補助的に使用。

また、標準的な授業の流れは、次のようなものです。

1. 授業の「目的」を中心としたアウトラインの説明（五分程度）
2. 課題に取り組む時間

※必要に応じて短時間の講義を入れることもある。
※ランダムに四人グループを作らせることもある。

3. 振り返りシートの作成（五分程度）

生徒には、「目的」を達成できるようにいつも伝えています。ただし、それぞれの単元での「目的」は抽象的なものもあるので、目的を達成するための手引きとして「課題」が設定されています。

山登りにたとえると、山の頂上にたどり着くことを要求（目的の提示）しますが、どうしたらいいかわからない人に向けて一つの登山ルートを示す（課題の提示）ということです。登山ルートは他にもあるはずなので、生徒には目的が達成されるのであれば課題に取り組まなくてもよいと伝えていますが、ほとんどの生徒は課題を順にこなしていきます。

教科書や資料集の他にスマートフォン等での検索も許可しています。席を移動しての相談も、一人で学ぶことも認めています。様子を見ながら、特につまずきが大きいと感じられる部分については講義をすることもありますが、基本的には学習活動は生徒に任せています。

授業の最後の「まとめ」は「振り返りシート」の記入により生徒自身が行います。「目的」と「課題」の達成度を別々に自己評価するとともに、その授業で最も大事だと思ったことを記入します。

次に、生物基礎の「呼吸」を扱った授業の具体的な「目的」や「課題」、「発展課題」の例を挙げます。

【目的】

・生物は化学エネルギーを生命活動に用いていることがわかる。

・すべての生物はエネルギー物質としてATPを利用していることがわかる。

・呼吸では有機物の化学エネルギーを利用してATP合成を行っていることがわかる。

【課題】

① 教科書P46～47を読み、以下のことを確認せよ。

・「呼吸」では有機物のもつ化学エネルギーを用いてATPが合成される。

・呼吸で有機物を分解する際に酵素が使われている。

・有機物が酸素を使って分解されると、二酸化炭素と水になる。
②呼吸ではどのようなエネルギー変換が起こっているか確認せよ。
③呼吸には、「酵素」がどのようにかかわっているか説明せよ。
④真核細胞では呼吸に関係する酵素が細胞内のどこに存在するか確認せよ。
⑤「燃焼」に比べて「呼吸」のほうが有利な点を説明せよ。

【発展課題】
食事から得られる「栄養」には様々なものがある。
①「カロリー」を計算するときには、糖、脂質、タンパク質を考える。教科書で学んだ呼吸というシステムでは糖からエネルギーを獲得できることはわかったが、なぜ脂質やタンパク質からもエネルギーを獲得できるのか説明せよ。
②ビタミンやミネラルは「カロリー」の計算には用いられない。これはなぜか説明せよ。

アクティブ・ラーニングで深まる学び

一斉講義型授業のときに比べて、生徒は教科の深い理解に到達せずに、浅い理解のままになってしまうのではないか、と心配される声もよく聞きます。しかし、実際には、アクティブ・ラーニングによって、むしろ深い学びができていると感じます。いくつか例を挙げます。

「生物とは何か？」を考える授業で、「ドラえもんは生物と言えるか？」という問いを提示しました。教科書に書いてある定義をもとにすれば、「それに当てはまらないから生物でない」で終わる単純な確認課題になってしまいますが、生徒たちは議論を深め、自分たちで納得のいく定義を創っていく議論を始めていました。まさに「自分の目で見て、自分の頭で考える」姿勢で学びを深めているということです。

ＤＮＡの授業で、教科書に「塩基配列が生物によって決まっている」という文章がありました。ここで想定されている理解は、種ごとに塩基配列がある程度決まっているということですが、ある生徒は、ヒト同士の比較、つまり種内の違いもあるのではないかと疑問をもち、それを対話により深めていました。

教科書等の記述が「わからない」という場合に、まったく読めていない状態でわからない場合と、テキストを深読みしすぎてわからない場合があると思います。一斉講義型授業では、そのすべてに対応することは難しいと思いますが、アクティブ・ラーニングであれば、それぞれがそれぞれの疑問から学びを深めることができるのです。

また、DNA、遺伝子、ゲノムという用語が何を意味するか、自分たちで「たとえ」を作ってホワイトボードで説明し合っている生徒もいました。教員は、わかりやすいたとえやモデルを準備し提示することを考えますが、それにフィットしない生徒もいます。アクティブ・ラーニングでは、自分たちがよりよくわかる説明を自分たちで創り、共有していくという姿が見られます。このようにして、一斉授業のときよりも、本質的で深い理解に到達できる可能性があるのです。

「集団」を意識した学習

教員の講義を少なくし（あるいは完全になくし）、生徒がそれぞれの方法で自由に学んでいく授業と聞くと、それは「自習」のように思えます。それでは、上記のようなアクティブ・ラーニングと自習では何が違うのでしょうか。それは、「集団」というものをどこまで意識するかということだと思います。

自習では、自分の学習を進めることが目的となり、集団が意識されることはほとんどありません。これに対して、『学び合い』をもとにしたアクティブ・ラーニングでは、集団に対して語りをし、集団に対して成果を求めます。『学び合い』の基本コンセプトである「一人も見捨てない」ということです。

僕の授業では「皆が皆をおもしろがる」ことから「皆でハッピーになる」授業を目指そうと語っています。語り方は多様でよいと思いますが、「自分さえよければよい」という発想から、「集団のために自分に何ができるだろう」という発想で学習に向かうところが自習との決定的な違いだと思います。また、自分の学習を深める上でも、「自分一人でなんとかする」のではなく「集団の力を借りながら進めていく」という発想があるのも大きな違いと言えます。

上記のような授業を実現するために、教員は集団に対して「ビジョンとゴールの共有」を語ります。そして、「全体を見渡しての声かけ」を行います。「個」の課題を解決することよりも、「集団」の力をいかに引き出せるかということが教員の一つの役割であり、これはこれまでの授業とは異なる技能だと思います。

安心感がアクティブ・ラーニングのインフラ

アクティブ・ラーニングを成功させるために決定的な要素があります。それを考えるために、これまでの実践での典型的な「失敗」を二つ挙げてみます。

①　最初から「丸投げ」しすぎてしまう。

②　「一人も見捨てない」ことや「全員達成」を強要する。

「生徒は有能」という生徒観からは、いくら「丸投げ」をしてもなんとかなるように思えます。また、「一人も見捨てない」ことを強く要求することは、集団の力を引き出すことにつながるように思えます。しかし、実際にはこれらのことで、アクティブ・ラーニングが機能しないことがあります。その原因として最も大きなものは「安心感」です。

①は、このような授業に慣れていない生徒の不安を高めます。いくら語りによって生徒の心を動かしたとしても、実際に取り組んでみてほとんど解決できない課題を目の前にして教員が教えない授業を展開すると、生徒の心は不安や無力感につぶされていきます。

②は、早く課題を達成した生徒が強い興味・関心をもってさらなる学習を進めていこうとしているのに、課題が達成できていない生徒を助けることを強要されると、自分の学びが否定されたと感じ、反発を生む可能性があります。

①と②に共通するのは、「生徒が安心して学べる」状況になっていないという点です。このことが、アクティブ・ラーニングを成功させるための決定的な要素だと考えています。それでは、具体的にどうすればよいのでしょうか。

①については、生徒の実態に応じた「適切なハードル」の設定が重要です。生徒に与える課題は、難しすぎると上記のように不安な状況が生まれますし、かといって易しすぎても、生徒がお互いの力を最大限引き出すアクティブ・ラーニングは成立しません。頑張れば達成できるというような、適切な難易度の課題の設定が必要ですし、場合によっては補助的に講義を入れたり、教科書等のわかりにくい部分の補助資料としてプリントを配布するなどの対応も有効かもしれません。

よくある生徒の反応に、課題の答えがわからなくて不安であるとか、皆で相談して皆で間違った方向に行くのが不安というものがあります。この場合には、課題の解答を提示してしまってもよいと思います。解答がわかったから学習が終わるわけではなく、むしろなぜその解答になるのかを考えることが学習の入り口となりえます。

②については、生徒の自由な学びを尊重し、否定から入らないことが重要です。そして「全員達成」を強要するのではなく、集団に対して全員達成の価値を語ります。真摯《しんし》に語

ることによって、二割の生徒には必ず伝わるはずです。その二割の生徒たちは、クラスの他の生徒にもその価値を伝えてくれます。生徒を動かすのは、教員の強制的な語りではなく、同じクラスの仲間からの声かけである場合が多いのです。そのきっかけとして、教員が目指すものの価値をしっかりと語ることが重要です。

これに関連して、授業では「話し合いたいけれど、なかなか話しかけることができない」という生徒もいます。そんなときに、ランダムに四人グループを作って話し合う時間を設定すると、それが生徒同士の対話のよい「触媒」となることがあります。最終的には、教員は「手を離す」ことでよりよい学びが実現すると思いますが、途中段階では、ある程度「手をかける」ことがあってもよいと思います。すべての基盤は「安心感」です。

生徒のやる気を高めるには

僕自身が授業のデザインで最も重要と考えているのが、生徒の内発的動機を高めるということです。外的な要因で動機付けるのは、外発的な動機付けです。罰で人を動かすのも、報酬で人を動かすのも、外発的動機付けであるという点で、本質的には同じことです。罰や報酬があるからその行動をするのであり、それらの要因がなくなればその行動をしなくなる、というわけです。

これに対して、「ただやりたいからやる」という内的な欲求を喚起するのが内発的な動機付けです。生徒の内発的動機が高まっている状態ではアクティブ・ラーニングが有効に機能しますが、内発的動機が低下しているときには、うまくいかなくなります。それでは、どうすれば内発的動機を高めることができるのでしょうか。

内発的動機を高める要因として、有能感、自己決定感、他者との関係性の三つが重要であると言われます。これを僕自身は、「できる」「選べる」「（他者と）つながれる」という表現で生徒に伝えています。教員主導の一斉授業では、教員の選んだ道筋に従って、教員の進めるペースの通りに学習を進めることになります。そのため、教員の授業の進め方や進行速度に合わなかった生徒は、その授業から落ちていくことになります。

アクティブ・ラーニングの授業では、生徒は自分の理解に合わせて方法や進むスピードを選ぶことができます。また、できないところを重点的に学ぶことができるので、そのときの自分が「できた」と思えることを積み重ねることができます。また、他の生徒とつながって、協働して学ぶ自由もあります。これらはすべて内発的動機を高めます。

内発的動機に関して、評価の方法についてもここで触れておきます。「わかる」ことを目的に授業を展開するのであれば、「わかったかどうか」を確認できる試験等で評価をする必要があります。「わかる」ことを求めたアクティブ・ラーニングの授業を展開しても、試験では「語句の暗記」を中心に出題してしまうのでは、生徒の内発的動機は低下します。授業で提示する「目的」と評価が一致しているかどうかは常に意識しておくべきです。そのデザインがうまくいけば、生徒の内発的動機を高め、授業は密度の高い時間となります。

「教える場」から「引き出す場」への変容

ここまで、アクティブ・ラーニングを理科で展開していく意義について述べてきましたが、最後に「教科の内容の理解」を超えた部分について述べたいと思います。

一斉講義型授業をしていたときには、「どうやっておもしろくわかりやすい授業ができるか」という「教授」に関する課題意識を強くもっていました。しかし、教育を意味する「education」という語は、もともとは「引き出す」という意味をもっており、「教えて育む」という日本語の教育のイメージとはかなり異なります。『学び合い』に基づくアクティブ・ラーニングでは、授業は「教える場」から「引き出す場」に変容し、授業の発想も「いかに教えるか」から「いかに引き出すか」に自然と変わります。学校では、毎年多様な生徒たちとの出会いがあります。そんな彼ら、彼女らのもっている可能性を引き出す営みは、マニュアル化可能なものでなく、常にクリエイティブで刺激的なものです。講義をする時間が減って、授業は「生徒の活動を見ているだけ」でつまらないものになるというイメージがあるかもしれませんが、「集団の力を引き出す」という視点で活動を見て取り、適切な声かけや仕掛けを考えることは、とても楽しい営みなのです。

多様性を生かせる社会を目指して

僕は授業で「多様性」というものをとても大切にしています。同じ教室で学ぶ集団の中にものすごく多様な生徒がいて、その多様性から「異質」を排除するのではなく、積極的に多様性を生かすことの価値を語ります。多様性を感じ、生かすためには、いろいろな人と対話し、協働することが有効です。人とつながり、相互依存的な関係をできる限り多くの人と築くことが人生を豊かにする。授業はそんなことを感じ、成長できる場になります。『学び合い』をもとにしたアクティブ・ラーニングで学んだ生徒たちは、単に教科の内容を理解するだけではなく、幸せを実現するための考え方や術を身に付けることもできます。そして、将来的に多様性を生かし、多くの人の幸せを生み出す人になることもできます。机上の空論と思われるかもしれませんが、それをもし実現できる方法があるとすれば、それは『学び合い』をもとにしたアクティブ・ラーニングなのだと思います。

アクティブ・ラーニングは、単に「生徒が活動する」ことが本質ではありません。その裏に、どんな理念があるのか、何を目指しているのか、そこをしっかりと生徒に語り、示すことができるかどうかが決定的に重要だと思います。授業が自然体な学びと成長の場に変わる、本当の意味でのアクティブ・ラーニングが広がっていくことを願って、これからも自分にできる実践を積み重ねていこうと思います。

第8章　地歴・公民科における
アクティブ・ラーニングの実践

関谷　明典
新潟県立安塚高等学校

はじめに

地歴・公民科の授業においてアクティブ・ラーニングを実施するにあたり、「地歴・公民科の授業で実施は可能なのか？」と疑問を抱かれる方もいるかもしれませんが、確実に地歴・公民科の授業とアクティブ・ラーニングの相性はいいと思います。

学校教育の大きな目標の一つは「平和で民主的な社会を形成する資質を備えた人格の持ち主の育成を行うこと」であり、これは人と話し合う中で物事を解決する力、民主主義的な力だと考えています。この目標を従来の講義を中心とする教授法で達成できないわけではありません。しかし、アクティブ・ラーニングを用いて他者とかかわり合いながら意見を交換したり、考えたりして学習を行うことが、より効率的に民主主義的な力を付けさせることができるのではないでしょうか。

幸いにして地歴・公民科の授業内容には、自分一人で考えていても解決できないような課題が数多く用意されています。アクティブ・ラーニングを通して生徒が互いにかかわり合い考え、答えを導き出す努力をすることでよりすばらしい授業になると思います。

『学び合い』との出会い

「どうやっても生徒全員が楽しい授業にならない」

「もしかして楽しいのは教員だけではないのか?」――

これが私の教職一年目、初任校の授業中にいつも感じていた違和感でした。私の初任校は進学校であり、採用前に塾講師をしていたこともあり、なんの疑いもなく講義を中心とした授業を行っていました。生徒の授業評価はよくも悪くも「予備校みたい」でした。

しかし、進学校とはいえ、担当していたクラスには学習意欲の低い生徒がおり、授業中に寝てしまったりします。彼らはいつも寝るわけではなくて授業が「つまらない」と寝る。自分自身は地歴・公民科目が好きで教員になっていますから「楽しい」と感じて授業を作っていたわけですが、地歴・公民科目が苦手な生徒にとって「楽しい」授業になっていなかったのです。教員と生徒の間に大きな意識の壁があったのだと思います。結局、私の講義を中心とした授業では彼らを満足させる「楽しい授業」に今すぐにできない。また、学力を保障し、希望する進路に近づけることができない。限界を感じ、一学期の間悩んでいました。

夏休みに入り、自分の無知を初任者研修や学校活動を通じて痛感していたので、ヒントを求めて本屋に通い教育に関する本を読み漁《あさ》りました。そこにおもしろいと感じた本『クラスが元気になる！『学び合い』スタートブック』（学陽書房）があり、著者を調べると西川先生だったのです。

当時、ちょうど新潟県上越市内の高校に勤めていこともあり、本に書いてあったアドレスから西川先生にメールを送り、上越教育大学教職大学院にうかがったことが『学び合い』、アクティブ・ラーニングとの出会いでした（アクティブ・ラーニングには様々な形がありますが、どの方法が一番効果的か考えていくと『学び合い』に行き着くと思うので以下の文章では『学び合い』という言葉は使用せず、アクティブ・ラーニングとします）。

私は当初、「アクティブ・ラーニングによる授業は楽しそうだが、授業準備が煩雑になるのではないか？」「生徒中心の活動だけでは授業進度が低下するのではないか？」「まわりの教員は誰もやっていないのに大丈夫か？」といった理由で、講義法に代えてアクティブ・ラーニングを行うことに懐疑的でした。しかし、西川先生や大学院生の皆さんから考え方を学び、実践している先生の授業を見学させていただく中で、自分なりにアクティブ・ラーニングの授業をやれるという確信をもち実践を始めることになりました。

簡単にできるアクティブ・ラーニング

「アクティブ・ラーニング＝特別な授業」と思うかもしれませんが、実施するにあたり特別な授業準備は必要ありません。確かに、本書や『クラスが元気になる！『学び合い』スタートブック』などを読み、「考え方」を習得することは必要ですが（これを特別な準備と言うかもしれませんが……）、その後は教科の指導内容を把握していれば、翌日からすべての授業でアクティブ・ラーニングによる授業実践は行えます。

実際に私はすべての授業をアクティブ・ラーニングで行っています。誰でも無理なくできることが本来最もよい点なのですが、講義の代わりにすべての時間をアクティブ・ラーニングで授業を行っていると言うと、多くの方が「そんなことができるわけがない」と疑問をもたれるようです。きっと、研究授業等で様々な取り組みをされ苦労されたためであると思います。

この世の中には様々な言語活動を中心とする授業があり、一回の授業に多大な労力を要するものもあります。毎回、多大な労力を要するような授業を行うのは無理ですから、ここでは研究授業で行うような特別な授業ではなく、誰にでも簡単にできるアクティブ・ラーニングの実践を紹介させていただきます。

【授業の流れ】

① 教員による「語り」（五分程度）

授業の目標を語り、本日の課題の提示を行う。

② 各自課題に取り組む（三十〜三十五分） ※左ページの写真上

教員より提示された課題（プリント）などを自分のやりやすい方法（各自で調べたり、グループで話し合う等）で作成する。

③ 生徒による答え合わせ（五〜十分） ※左ページの写真下

指定した問題の答えを生徒に板書させる。

④ 本日の授業評価（五分以内）

「授業評価用紙」を生徒に書かせ、教員より本日の授業の感想を伝え、最後に課題・評価用紙を回収する。

まず、導入で①の「語り」を行います。「語り」はアクティブ・ラーニングの授業を始めるにあたり教員の思いを生徒に伝えるものですが、これは講義の導入でも似たようなことを行うことがあると思います。

②の部分が今まで教員が講義で行っていた部分です。これを生徒に任せた学習活動に置き換えるだけです。講義を行っていた部分を生徒が自分たちのやり方で学習を進めるだけなので、授業進度も今までと同じに進みます。前ページの上の写真では生徒が任意でグループを作って学習しています。

③については、必要があれば行ってください。生徒に答えを発表させるなどでもよいです。

④「授業評価用紙」を配布して生徒に授業の感想を書いてもらい、今日の授業の反省を教員から行い一時間の授業が終了になります。

このように、教員が行っていた講義の部分を生徒に任せた活動にするだけなので、特別な準備などなくても毎日毎時間できるわけです。それどころか生徒の情報収集能力向上に伴って、課題を処理する速度も向上するので、徐々に課題内容を増やすことができ、むしろ授業進度は生徒の成長とともに速くなっていきます。

また、私の場合は基本的にプリントを使用しているので、参考までに現代社会の授業で使用しているプリントを提示します（次ページ参照）。

このプリントの内容は教科書に沿った程度のものです。既に自作のプリントがある場合はそのプリントを用いて授業を行うことができますが、「授業プリントなんてないぞ」という方でも教科書準拠ノート等で十分対応できます。

板書中心でノートづくりをされている方もいるかと思います。そのような場合は、ノートを生徒に作らせるという課題で十分に成立します。ただし、わかりやすくノートをまとめるという行為は高い知識を必要とするので、最初はノートのまとめ方を提示する必要があると思います。


実際にこの授業の流れを見ても「たったこれだけで授業が成立するわけがない」「生徒が騒いで何もしなくなる」「関係ない話をするだけで終わる」と思うかもしれません。

私も始めたばかりの頃は「生徒は素直に授業に取り組んでくれるのだろうか？」「遊び出して手がつけられなくなったらどうしよう……」と、毎時間不安だったことを覚えてい

地球環境問題V　教科書　P13～

氏名

3 エネルギー問題の解決に向けて

今日、世界のエネルギー資源の多くは【①　　　】が消費しているが、経済発展のめざましい【②　　　】やインドなどの【③　　　】を中心にエネルギー需要は高まってきている。高まるエネルギー消費と持続可能な【④　　　】の構築をどのように両立させるかが今後の大きな課題である。

作図　おもな国の一次エネルギー消費量

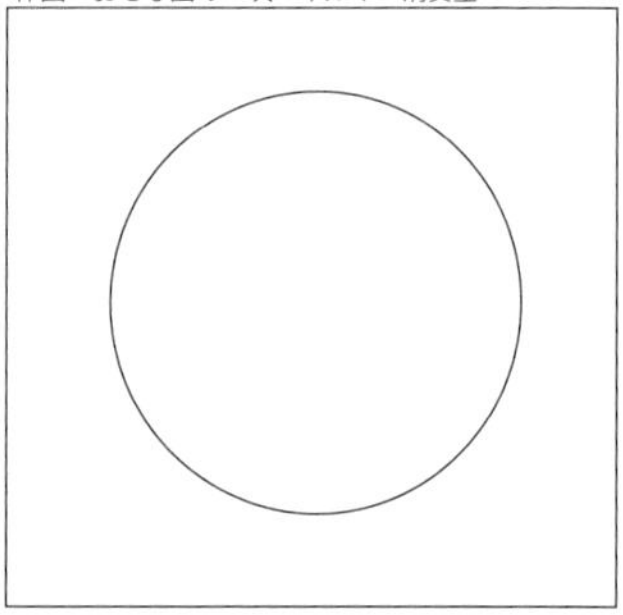

エネルギー問題の解決のためにはまず【⑤　　　　　　】をはかることが必要である。最近では、節電型の電機製品や、低燃費で二酸化炭素排出量の少ない自動車などが販売されている。また、発電とともに蒸気や熱などを同時に利用する【⑥　　　　　　】（熱電併給）も注目されている。

また、【⑦　　　　】の消費を減らすことも重要である。そのためには、化石燃料にかわるエネルギーの開発と利用を促進する必要がある。

・　二酸化炭素などの排出を減らすために導入されている「環境税」とはなにか？

さらに、エネルギー資源についても【⑧　　　　　　　　　　】を構築することも必要である。特にそのほとんどを【⑨　　　】に依存している日本では、【⑩　　】などにより安定した供給を図るとともに輸入先の多様化、エネルギー供給源の多様化、【⑪　　　　】、市場価格安定化に向けた国際協力なども必要となる。

※意見を聞いて見よう!!

クラスの友達が環境のために取り組んでいること、また行ったことがあることを聞いてみよう。

3 人以上の人に聞いてください。

回答者サイン

回答者サイン

回答者サイン

ます。しかし、勤務した学校では生徒たちはしっかりとアクティブ・ラーニングの授業に取り組んでくれたので、心配せずに始めてください。必ず誰にでもできます。

生徒はどのような話をしているのか

地歴・公民科のアクティブ・ラーニングによる授業では、生徒はどのような会話をしているのか、実際の授業時間中の会話を取り上げてみましょう。

地理Bにおいて、ケッペンの気候区分について学習しながら。

A：ケッペンの気候区分のさぁ、AとCとDの後ろのこの小文字のsとかfとかwって何なの？

B：sってステップのことだっけ？

C：違うよ。それはBの後ろの大文字。小文字は雨の降り方。雨が降るのが夏に少ないとsで、冬少ないとwで、年間を通して降るならfなんだって。

A：なんだ、サマー（summer）のsかよ。wはウィンターか、意外と単純じゃん。

C：そうそうサマーのs、でも英語じゃなくてほんとはドイツ語らしいよ。ドイツ人だったら読めるのにね。

生徒が会話を行いながら、疑問に思ったことに対してわかる生徒が教えている光景をよく目にします。A君はC君の解説を受け、記号には意味や規則性があり、それをもとに気候が系統的にまとめられていることを理解したようです。

政治・経済において「18歳からの投票が可能になったら投票に行くか？」という課題の問いについて。

A：俺は選挙に行くぞ。だって、政治に興味あるからな。
B：えー、めんどう。もらってもしょうがないよ。
C：そうそう、誰に投票していいか、よくわからないし。
A：お前らそんなこと言ってるから、若者のための政策を政治家が作ってくれねぇんだ。
B：えー、だったら初任給増やしてくれる法案作ったら行くかも。

C：つーか、1000兆円も借金あってそんな財源ないでしょ。
A：だから、少ない財源を俺たちに回してくれる政治家に投票すりゃいいじゃん。

この後も話は続いていきますが、公民科の授業の場合はお互いの意見を交わす場面をよく見ます。当然、自分の考え方と相反する意見が出てくることもありますが、同年代の考え方ということで、教員が知識として注入するよりも抵抗なく様々な考えを受け入れられているように感じます。

この会話をしていたB・C君は、課題プリントの解答欄に「最初は選挙に行かないつもりだったけど、やっぱり行かないと自分たちの意見が通らないから行ったほうがよいと思うようになった」と書いてくれました。

授業中の教員の活動

最初の「語り」が終わり、課題を出した後に教員は何を行っているかが重要です。「今までは講義を行っていたのに何もしていないではないか」と言われそうですが、もちろん何もしていないわけではありません。仕事の「質」が変わるだけで教員がやるべきことはたくさんあります。

【授業中の教員の動き】

・回収した前回の課題プリントの評価

・かかわりを促すための可視化

私の場合は課題プリントの評価とその記録を取りながら、全体を見渡して課題の進み具合や難度の設定が適切であったか見ています。その後、巡視しながら生徒のよい行動を「可視化」するというのが行動パターンになります。

生徒の動きをよく観察すると、今まで見えてこなかったことが見えてきます。特に講義法では無気力そうに授業を聞いていた生徒や集中力の続かなかった生徒が、アクティブ・ラーニングの授業ではさかんに動き出して情報を集めるようになる姿をよく見かけます。楽しそうな表情で授業を受けてくれる姿を見ることはとてもうれしい。この変化がアクティブ・ラーニングの醍醐味《だいごみ》とも言えます。

生徒はアクティブ・ラーニングの授業をどう思っているのか？　そして成績は？

実際に生徒はアクティブ・ラーニングの授業についてどう思っているのか、生徒が苦痛を感じているのにアクティブ・ラーニングを強要しても学習効果が上がりませんので、生徒アンケートの結果を見てほしいと思います（次ページ参照）。

アンケートに答えてくれた生徒は私の世界史Aの授業を受講した一年生のもので、一学期の期末考査後に「講義法とアクティブ・ラーニングの授業はどちらがいい？」と聞いたものです。彼らは一学期の中間テストまで講義で授業を行った後、一学期期末まではアクティブ・ラーニングによる授業を受けています。

結果を見ると、全体的にアクティブ・ラーニングの授業のほうがよく、授業もわかりやすいという答えの生徒が多くなります。このことから講義法を中心とする授業形態からアクティブ・ラーニングを中心とする授業形態に変更しても問題なく授業を行える、講義法の代わりとして十分に機能できるというのが私の結論です。

一方で全員がアクティブ・ラーニングの授業のほうがよいとは言っていません。得手不得手がありますから、静かに教員の話を聞くのが好きな生徒もいます。

1 アクティブ・ラーニングの授業と一斉授業（講義）どちらがよいですか。

①アクティブ・ラーニング　②一斉授業　③どちらでもない

1年1組（22人）			1年2組（23人）			総合（45人）		
①	②	③	①	②	③	①	②	③
13	4	5	18	1	4	31	5	9
59.1%	18.2%	22.7%	78.3%	4.3%	17.4%	68.9%	11.1%	20.0%

2 アクティブ・ラーニングの授業はわかりやすいですか。

①はい　②いいえ　③どちらでもない

1年1組（22人）			1年2組（23人）			総合（45人）		
①	②	③	①	②	③	①	②	③
10	2	10	14	0	9	24	2	19
45.5%	9.1%	45.5%	60.9%	0.0%	39.1%	53.3%	4.4%	42.2%

現在の高校生は小・中学校でアクティブ・ラーニングの授業を受けている生徒もたくさんおり、教員が思っている以上に慣れているため、拒否反応は示さないと思います。むしろ「ああ、あのやり方ね」「中学校（小学校）でよくやったよ」「あの授業は楽しいよね」という生徒も多いです。

成績についても、講義法では教員の話を理解できなかった生徒がクラスメートとのかかわりの中で学習活動に参加するようになり、学習意欲が向上することによって全体的に学力が底上げされ、成績下位層が少なくなるという傾向があります。

実際に私の初任校では、授業でアクティブ・ラーニングを導入してからの模擬試験の偏差値は講義法のときと比べて伸びました。その主な上昇要因は成績下位層の生徒が減少したことでした。講義法を行っていたときは偏差値50％未満の生徒が45％程度いたのですが、アクティブ・ラーニングを中心としてからは同一層の割合は25％ほどと半減し、その結果として全体成績が向上したわけです。進学校にいると「成績が心配で講義以外はあまりできない」とお嘆きの先生方もいるかと思いますが、生徒の学習意欲が大きく改善するため、成績は向上します。

アクティブ・ラーニングを成功させる（失敗しない）ポイント

授業を成功させるコツは三つあると思います。

最初に「なぜ、アクティブ・ラーニングを行うのか？」ということを説明することが絶対に必要です。私はアクティブ・ラーニングを始める最初の授業では、勉強する目的とその目的を達成するための方法、そして何よりも私が出す課題を生徒自身が乗り越える力をもっていることを説明します。

次に、他者に「教える」ことがいかに自分にとって有益であるかを生徒に伝えることも重要です。アクティブ・ラーニングではわかる生徒が「先生」となることで、わからない生徒に必要な情報や知識が伝達されることが多いため、わかる生徒が授業にかかわらなくなると必要な情報が流通しなくなり、結果としてわからない生徒が取り残されます。これも初期段階の「語り」の中で、教えることがいかに有益か説明しますし、積極的にかかわり合いをもって勉強している生徒を大きな声で授業中に褒めたりしてよい行動を促すようにしています。

最後に課題の評価を適切に行えるか否かです。課題の評価は毎回行います。課題の出来は個々の生徒によって異なりますが、努力した者が報われるように評価します。課題は全員できているのが大きな目標ですが、「できている」という中にもたくさんの質がありまます。生徒は課題の評価を見ているもので、よりよくできているものに高評価を与えると高評価の生徒の課題を見て、よい課題の作り方も学んでいきます。逆に課題に対する評価をおざなりにするとたいてい生徒は手抜きをします。

アクティブ・ラーニングをやってみて失敗したことと復帰の仕方

成功させるポイントを書きましたが、やっていく中で失敗も当然あります。私のよく犯すミスは二つあります。

一つは、話しすぎによって生徒の学習機会を奪ってしまうことです。私は「問題の答えは教えない。わからなければ友達に聞いてみよう」と言っているのですが、教員の癖で生徒に質問されると答え、その挙げ句に調子に乗って話しすぎることがあります。教員が答えを知っているのは当然ですが、これでは生徒が自分で調べなくなります。自分に対してもう一度、「勉強しているのは生徒、自分ではない」と言い聞かせて我慢することが必要です。

もう一つ私がよく陥る失敗は、単なる「調べ学習」になってしまうケースです。これはアクティブ・ラーニングに慣れ、生徒の情報収集能力が向上してからのほうが陥ります。地歴・公民科の授業では重要語句の内容を調べたりすることもあるわけですが、課題の内容が「調べる」ことに偏ってしまうと、教科書や辞書で調べれば自力でわかるため、生徒は動き回り情報を探る必然性がなくなってしまいます。生徒からすれば一生懸命学習していますし、課題も全員ができているわけですが、なんとも味気ない授業となってしまうことがあります。この問題に対しては課題の難度を上げて自力ではできないもの（単純に課題の難度を上げるという方法や他者の意見を聞くといった形が考えられる）に変更していけば解決します。

アクティブ・ラーニングを始めると、生徒の情報収集能力や思考力が向上していく様子が見て取れます。その能力の向上に合わせて課題も向上させていかないと失敗することになります。

進学校と一般校での違いは

学校の方針によってはできないのではと考える方もいるかもしれません。基本的に授業の流れは同じで、どの学校でもできると思います。

ただし、講義法でも学校が変われば教える授業内容の難度が変わるように、アクティブ・ラーニングでも課題難度や目標設定は変化します。

課題については、一般校では教科書を中心にする。それに対して進学校では、教科書を中心としながら想定される受験校の難度に合わせて（多くの場合、地歴・公民科はセンター試験レベルだと思いますが）、受験対策問題を課題の中に入れるといった具合です。

目標や授業中の生徒へのかかわり方に関しては、進学校の生徒のほうが初期段階の知識力が高いので、初期から教員の関与を小さくして、わかる生徒が活躍するように仕向ける、よい勉強方法も自分たちで完成させるというところがポイントになると思います。

進学校では「効率的な学習方法を考えましょう」と指導すると、自分たちの力でジグソー学習のような形態を開発する生徒のグループも出てくるほどです。また、目標も設定も「全員ができる」を原則にしますが、それ以上に具体的な目標を定めたほうがよいと思います。

逆に一般校では、極端に学習が苦手な生徒もいるので、目標は「全員が課題を達成する」が原則です。また、クラスメートとのかかわり方（特に教えることとの重要性）、課題プリント作り方、勉強の仕方から教える必要があると思います。その分、一般校のほうが軌道に乗るまでに時間がかかるかもしれません。

最後に

アクティブ・ラーニングの実践を始めて、授業の主役はやはり生徒なのだと実感しています。脇役と主役のどちらが自主的に楽しく活動できるか？　自身が主役のときのほうが楽しく活動できると思います。アクティブ・ラーニングは生徒を主役にすることで、自主的に学習活動を行わせることができる授業形態なのだと思います。

教員にとって教えることは楽しいことです。特に高校教員の場合、自身の教科が好きだし、楽しいから教員になっている方が多いと思います。しかし、教員の楽しさと生徒の楽しさは違います。結局、講義法のように教員が授業の主役ではすべての生徒の能力は向上しないのだと、アクティブ・ラーニングを実践する中でわかったような気がします。

私は常々人から与えられたものだけを身に付けるのでなく、それ以上に自分で考え、自分で必要だと感じたものを「楽しみ」ながら身に付けられる生徒を育てていきたいと考えています。与えられたものを身に付けるだけなら講義でもよいかもしれませんが、それ以上の何かを身に付けるには、自分で考え学習できるアクティブ・ラーニングの授業でなくてはできません。

自ら考え、行動できる人間を育成できるように、そして何よりも教科の授業を「楽しめる」生徒を育成するため、これからも自分自身のアクティブ・ラーニングの授業を発展させていきたいと思います。

第9章　本当に「楽しい授業」をするために

今の授業は楽しいですか?

皆さんがこれまで受けてきた授業は、どんな授業だったでしょうか。

チャイムが鳴ると教師が現れます。起立・礼・着席の号令があり授業開始。出席を確認し、黒板にその日やることのタイトルを書きます。

そこからは定番の流れ。例えば、数学だったら教科書を開かせ、そこに書いてある問題の解き方を、黒板を使って解説します。その後、一人を指名し、問題を解かせます。その様子を全員が見ています。そして教師が朱筆を入れながら解説します。その後、全員が教科書にある問題を解き、それをノートに書き込みます。答え合わせをします。そして、その日に学んだことを黒板にまとめます。起立・礼・着席の号令があり授業が終わります。

国語だったら、まずは本読みがあり……。そんなことが続きます。

このような授業が百年以上前から毎日毎日、毎年毎年続いています。私も皆さんもそれ以外の授業をほとんど知りません。そして、教育実習でそのような授業をして、教師になり、そのような授業をしています。

教育センターで研修を受けたり、自主的に本を読んだり、研修会に参加して新しい授業のやり方を学んだと思います。しかし、その多くは今の授業スタイルをほとんど変えずに使える教材や発問の仕方を工夫するのではないでしょうか。理科だったら、新しい素材を使うことによって実験をおもしろくすることはあるでしょう。しかし、毎日の授業スタイルは変えません。変える場合もありますが、年に数回程度のことです。

でしょ？

でも、今の授業は「あなたに」とって本当に楽しいですか？

本章では、私を事例にして、そこを明らかにしましょう。

私の挫折

私は大学で生物物理学を専攻しました。そして、教育実習は東京都文京区の大塚にある筑波大学附属高校です。そこで授業をして驚いたのは、子どもたちの私語が多いこと。私は「私語＝勉強のできない子」と思っていたので、不思議に思いました。私は彼らの私語に聞き耳を立てました。

すると彼らは、授業の内容のことで私語をしていました。それも私の授業より高いレベルのことをしゃべっているのです。なかには「あれ、間違っているんじゃない？」という子がいて、その子に対して「仕方ないよ、実習生だから」という子がいます。慌てて確認すると私が間違っていました。

そんな子どもがいる一方、別の子どももいます。

ある子が私に向かって「先生は、僕たちみんなを賢い子どもだと思っているでしょ。違うよ。高校から入った子はすごいけど、小学校から入った僕みたいな子はそんなに賢くないんだよ」と言うのです。附属の闇を一瞬垣間見た思いです。こんな学校の教師にはなれないと思いました。

大学院で理科教育学を学びました。そして、大学院を修了後に勤めたところは定時制高校でした。四月一日に辞令をもらって最初にした仕事は、翌日の二日にある入学試験の準備です。つまり、三月三十一日までに定員に至らない学校です。そして、受験するのは三月三十一日までに合格できない子どもです。

受験生の内申書を読んで愕然としました。純粋無垢《むく》のオール1が後から後から出てくるのです。あまりにもオール1を読むと、「2」が二、三あるととてつもなく賢い子どものように感じます。子どもたちの中には現役の暴走族、暴走族OBが多数いました。

そんな子どもたちに物理を教えるのです。授業が成り立つわけありません。

授業開始一週間で、大学及び大学院で学んだものはすべて役に立たないことを思い知りました。なぜなら、それらは勉強する気がある子に対する教材であり、指導法にすぎません。結局、「俺の仕事は、彼らを一時間席に座らせること」と思うようになりました。教師の道を選んだときの志とはまったく違います。

先輩教師

授業では苦労しましたが、先輩教師には恵まれました。事務や給食や用務の方にもかわいがってもらえました。予算がなくて購入できない実験器具も、事務の人がやりくりして用意してくれました。少しでも手当の額が上がるよう手続きをとってくれました。

夜の定時制では、給食があります。帰りにはきれいにタッパーに並べられ、それが私の晩酌のつまみになりました。教頭から「給食費を倍払いなさい」とからかわれたものです。

先輩教師にはたくさん驕《おご》ってもらいました。愚痴を聞いてもらいました。それでなんとか踏みとどまっていたように思います。ある日、職員室に私が担当している子どもたちが数学の先輩教師に教えてもらいに来ていました。私の授業では何も聞かない子どもたちです。そして、どんなことを勉強しているのか気になって覗くと、三角関数のプリントだったのです。腰を抜かしました。だって、私の授業では「毎秒５ｍで10秒走ると何メーター進むか？」という問題を「わかんない」と言うくらいです。その子が三角関数を勉強していたのです。慌てて、先輩教師の授業を廊下から覗きました。黒板には三角関数が書かれ、子どもたちはプリントを解いていました。

遅ればせながら、私は子どもたちのせいにしていることに気付きました。同じ子どもにちゃんとした授業を成立させられる人があるならば、私にもできる方法があるはずです。それから先輩教師から教え方のツボを聞くようになりました。小さい学校ですので、同じ教科の先輩教師はいません。しかし、教科は違っても参考になることはいっぱいあります。学んだことはすぐに実践してみました。失敗したときは修正し、成功したときは繰り返しました。

採用半年ぐらいで、授業の形態が成り立つようになりました。

暴走族相手に、物理の授業を成立させている自分に若い私は酔っていました。

わかったつもり

授業が成立するようになれば先生は楽しい。教材を工夫し、話術を高めることによって、笑わせたいところで笑わせ、シーンとさせたいところではシーンとさせられるようになりました。まるで、自分が魔法使いになったように思えます。

しかし、しばらくすると自分の限界がハッキリとわかります。私は子どもたち全員をわからせているわけではありません。学力的には最底辺の学校ですが、オール1になった理由も様々です。知的障害がある子どもがいる一方、能力的には高いものの不登校で中学校登校日が数日という子もいます。

私は早々に全員がわかる授業を諦めました。そして私がやったのは「全員がわかったつもりになる」ことです。これはポイントさえわかれば誰でもできることです。

わからない子は「わかる」ということがどういうことなのかわかりません。だから、教師が「答えは間違っているけど、お前はわかっているよ」と連呼すれば、子どもは信じます。なぜなら、人は自分が信じたい嘘を信じるからです。自分がわかると思えば、自分が成長していることを感じ、やる気が出ます。そこに徹底的に段階別のドリルを繰り返し、繰り返しやれば少しずつでもわかる者が増えてきます。

子どもの外面は違っても、それは皮一枚の違いでしかなく、その皮の下には同じ子どもがいることを、その学校で学びました。そして、みんなわかりたがっていることも学びました。

人は、自分を成長させてくれる人に懐きます。懐かれればかわいさが増します。当時の私は、子どもたちを猫かわいがりしました。ツッパリ丸出しの子どもに頬ずりしました。若く腕力もあった私は、子どもたちを高い高いしました。

小学校、中学校の経験から、教師に対して警戒心と敵意をもっている子どもですが、私がそのような教師でないとわかれば小学校低学年並みに私にベタベタに懐きます。本当に子どもたちはかわいかったのです。

闇

子どもが懐いてくれれば、私のところにいろいろな情報が流れてきます。子煩悩な両親に育てられた私には理解できない世界があることを知りました。子どもたちの保護者の中には暴力団関係者もいましたが、子育てに関しては真面目な人も多かった。

それでも信じられなかったのは、子どもを働かせ、生活保護と子どもの給料をパチンコにつぎ込む親がいたことです。あるいは、子どもがいる部屋に男を連れ込む母親がいたことです。

いつもは私に懐いている子どもが荒れたことがありました。しばらくすると、もと通りのかわいい子どもになりました。周囲に聞くと、荒れたときは両親の離婚が成立する直前の時期だったそうです。

そのようなことをいくら聞いても私には何もできません。そして、先輩教師からはその面に触れてはいけないと教えられました。そして、ある一線を越えてしまった教師の末路を、実例を通して教えてくれました。一話完結の教師ドラマとは違うことを実感しました。

私は子どもが幸せになることに貢献することを諦めてしまいました。そして、私にできることは、私の目の前にいるときだけでもおもしろく、楽しい時間にさせたいと思いました。それ故に話術を高め、まるで漫才師のようになりました。

しかし、その中で学校を退学する子どもが続きます。そして、退学の手続きを淡々としている私がいます。私の頭の中には、いくつもの区分けがありました。一つは子どもを最後まで追いかけて学校に引き戻そうとする私。一方で、最終的に退学の手続きをとる際、円満に手続きをとってくれるように立ち回っている私。退学していいことなんて、これっぽっちもないことをよく知っています。にもかかわらず、かわいがっている子どもが退学に向かっていることを冷静に分析し、それに対処している自分がいました。退学すれば、どうなるかよく知っているのに……。

だから、毎日一升の酒を飲み、自己憐憫《れんびん》している自分がありました。やがて私は高校教師に挫折し、大学に異動しました。高校教師としては落第点の私なのです。

教師ドラマの結末

大学に異動し、数年が経ちました。私が担任した子どもたちの卒業式に呼ばれました。私の心の弱さから高校教師に挫折し、大学に逃げ込んだ私ですが、私は私なりに全力を尽くしたという自負がありました。

卒業式に列席し、愕然としました。

私が担任した子どもの中で卒業したのは、たった三人だけだったのです。一人は一年留年していました。一年で入学した三十五名の担任でした。ところが学校に残っていたのは四人だけ。あとは全員退学しました。入学当初から退学しそうな子はいます。しかし、まさか三人しか残らなかったとは思いもよりませんでした。

私と同じときに一年を担任し、その年度で大学に異動した先生がいました。担任したのは私と同じ一年間です。不遜ながら、その一年のクラスの姿を見比べれば、圧倒的に私のクラスのほうが規律正しかったし、成績も高かった。子どもからの支持も私のほうが高かった。しかし、そのクラスの子どもたちは、ほとんどが卒業していました。

いったい自分は何をしていたんだろう、と思いました。私の後に担任した先生のせいにしたこともあります。しかし、今はハッキリとわかります。私が原因です。私は私中心にクラスを作っていました。そのため、私の目の前では子どもたちはよい子です。しかし、私の見えないところでは、クラスの中には闇がありました。そして、私を中心としたクラスは、私がいなくなった途端にバラバラになったのです。

教師が子どもに与えられる最大のプレゼントは、知識や技能ではありません。それは仲間です。我々教師は、卒業後の子どもについて行くことはできません。しかし、仲間はついて行くことができます。それによって、道を誤らずに生きることができるでしょう。

進学校の子どもも同じです。いったん社会に出れば、自分に何ができるかできないかで社会で活躍できるかできないかが決まるわけではありません。それを決めているのは、自分の知らないできないことを知り、そして価値ある情報と技術をもつ人とつながりをもち、手伝ってもらえるか否かです。

最高のプレゼントをしましょう。

教師の喜び

私の短い高校教師人生を書きました。私は定時制でいろいろな経験をしました。本書をお読みになっている方々もいろいろな学校に勤務し、いろいろな経験をしたと思います。おそらく、学校は違っても同じような経験をしたのではないでしょうか。そして、かつての私のように、教師を志したときの思いを封印し、頭の中にはいろいろな部屋を設けているのではないでしょうか。仕方がありません。それがなければ心は折れてしまいます。

皆さんの教師としての喜びは何でしょうか？　部活を思い浮かべる方も多いでしょう。また、担任した子どもを卒業させるとき、どんなことを思い浮かべるでしょうか。

アクティブ・ラーニングでは教科学習での子どもの姿を思い浮かべ、感動し、涙を流すことができます。我々が子どもと接する時間の中で大部分を占める教科学習での姿で感動できるのです。

アクティブ・ラーニングによって、封印した思いを解放し、あなたにとって本当に楽しい教師人生を始めることができます。だから、アクティブ・ラーニングが本格化するこれからの時代は大変ですが、大きな可能性があるとも言えます。

ある小学校の先生の卒業式でのエピソードを紹介します。

卒業式が終わるアナウンスが会場に流れ、私はクラスの前に立ち、みんなに立つ合図を送りました。私たち六年一組が卒業式で目指したそのときが来たのです。私はみんなを見て頷き、歩き始めます。

一瞬みんなの様子を見て「そうだ、これが私たちのクラスの姿なんだ」と思い、進みます。体育館の中央に敷かれた赤い絨毯の上を出口に向かって歩きました。もう、みんなを振り返ることはできません。涙ぐむ保護者の列の間を通り、体育館を出ました。桜の花びらが散る体育館の出口にも、多くの保護者が待っています。

式場を出た私は後ろを振り返り、子どもたちの姿に泣き崩れ、ゲホゲホ言いながら泣きました。何人かのお母さんが携帯を取り出し、笑いながらそんな私を写真に撮ります。私の泣き声で、その場は笑いに包まれました。出てくる卒業生の頭をなでながら、ゲホゲホ言って泣きました。恥ずかしさも忘れ泣きました。そんな私を子どもたちは微笑み教室へと向かいます。

僕らは教室に上がりました。このメンバーでこの教室でみんなと過ごせる最後の時間です。私のことを微笑ましく見てくれている後ろに立つ保護者に少し照れながら、最後の「語り」を始めました。

今日渡す卒業文集に書いた文章を読みながら、今日のことや今までのことを一緒に話しました。真剣な顔をする私を見ただけで微笑む子がいました。「いいか、最後の『語り』をするぞ」。そう言うだけで、「また泣くぞ」と期待して微笑む子たちです。実にたちの悪い子たちですが負けずに真剣に語りました。

「君たちは、私の希望です。それは、人がなぜ感動するかを教えてくれたからです。それは、人と人がかかわるとき、信じ合うとき、信じようと決めたとき、信じると思い続けようと決意したとき、人と人の間に感動が生まれることを教えてくれたからです。たぶんこれは、生きることの意味そのものだと思っています。

今日まで、お前たちならできるということを先生は言い続けました。『全員で、三十七人で歩こう』ということを先生は言い続けました。卒業式に参列していただいたご家族の方は、今日は当たり前と思われたかもしれませんが、支援学級の仲間は、大きな音が響く体育館が大嫌いでですね、練習で辛そうにしていて、はじめは体育館に入ることもできなくて、昨日の練習まで一緒に歩くこともできなくて、それでも君たちなら最高の卒業式にしてくれると信じていたんです。

卒業文集にね、こんなことも書いています。持って生まれた能力も、君たちの置かれた環境も、気の合うやつも合わないやつも、困っている人も、優秀な人も、教えている人も、教えられている人もどんなことも乗り越え『みんな』を目指した君たちの姿に、君らを思い何度号泣したことか、何度嗚咽しながら泣いたことか、君らに隠れて授業中に泣いたことか、それは、君らがくれた幸せです。もし、お前たちが絶望したなら、先生を思い出してください。いつまでも、君らは先生の希望だからです。

やりもしないでできない理由を言うな。一生懸命はかっこ悪いことじゃない。夢を語れ、そうすれば君を応援する仲間がそこにいる。夢がないなら誰かのために働くんです。人のために尽くせば、役割ができます。役割は天職となり大儀を授かります。大儀は志を生みこれこそが夢となるでしょう。お前たちは、人のためにやること、『みんな』を目指すことはとても気持ちがいいこと、幸せになれることをきっと感じてくれたと思う。中学校で『学び合い』はできないかもしれないが、それでも、それでもね、授業が終わってわからないことがあったら、ここにいる仲間にね、仲間に聞けばいいよ。きっとここにいる仲間なら教えてくれるからね。教えてもらえよね。わからんやつを出さないでくれ。仲間を見捨てないでくださいね。

先生は、『君たちならできる』と言い続けました。今からは『私たちならできる』と目を閉じて思ってください。君たちは先生の希望です。四十七歳のおっさん教師が見つけた希望です。先生は十年前ならこんなことは話してないと思う。俺のクラスはすごい、俺が育てたんだ、と威張っていたと思う。でも今思うのは、先生という仕事は、君たちを信じ、強く思うこと以外何もないと思う。六年になって君たちに教えたことはまったくない。全部お前たちでやった。先生は、お前たちならできると言い続け、信じ続けただけです。だから、お前たちならできるんです。これからもきっとできるんです。誰一人見捨てないクラスの一員だったことを誇りに思い、このクラスにいたことを時々思い出してください。

そして、いつか会いに来てくれるなら、君たちの出会った人たちのことを聞かせてくれればうれしいです。人は、勇気とアイデアがあればなんでもできる。先生のアイデアは死ぬまで『みんな』を目指すことです。勇気は君たちがくれました。おいしいコーヒーを入れて待ってますので、会いたくなったらいつでも来てください」

それから後ろに立つ保護者に、この二年間の感謝の気持ちを伝えました。

「最後に、お父さん、お母さん、こんな素敵な子たちを産んでくれてありがとうございました。僕と出会わせてくれて本当に感謝しています。ありがとうございました」

これが、彼らに送った私の最後の「語り」です。

卒業式の片付けが始まり、ひと段落してみんながいなくなった教室に上がり、在校生がしてくれた飾りを片付けながら、一つひとつの『学び合い』の日々を思い出しました。

どうしようもなくて、落ち着かないあいつを押さえつけ、一緒に泣いた放課後の廊下。教室を飛び出していたあいつが、「ねえ、俺にも教えろよ」といつもいじめていたやつに言った日のこと。「ねえ、今日ここ入れて」と言いながらどんどん仲間を増やしていった君たちのこと。いじめられたことを忘れられなかった子が「…このクラスは私の家族です」と書いた作文。反抗ばかりしていた子が、授業が終わって僕のところに来て「先生、俺わかったよ」と素直な顔で言ってくれたこと。

落ち着きがなくて着席もできなかったやつが、運動会の縄跳びの練習を支援学級の子と一番仲良くしていた日のこと。はじめて跳んだ縄跳び、そしてはじめて見たあの子の笑顔。どうしても宿題をしない仲間のために「学習会を開いてしてます」と書いてあった日記のこと。引っ込み思案だったあの子が「甘えるな！」と仲間を怒っていた日のこと。その真面目な女の子にクラスマッチで勝ち負けを無視してパスを出し続け、みんながゴールすることを目指したあいつのこと。「勝たなくてもいいのか？　みんながゴールするためか？」と聞くと「当たり前、仲間だからね」と言ったあいつのこと。トラブルが起きているのを見ている私に「先生、どうせまた『なんとかせい』でしょ」と笑顔で答えたあの子のこと。

支援学級の仲間に何度も何度も玉結びを教えてくれていた目立たないあの子のこと。50点しか取れなかった子が、真っ黒になるまで書き込み、筆算でいっぱいの100点のテスト用紙。何度仲間に教えてもらってもわからないと頭を抱え込むあいつと微笑み合う君たちのこと。修学旅行の夜「大きい音にびっくりするかな？」と支援学級の仲間を心配しながら見た花火。「先生、学び合いできないと、また置いてかれるのかな」と言ったあの子のこと。

そして卒業式だというのに、退場の練習で身に付けた整列の仕方を全部無視して、あいつを囲んでみんなで退場しようとしてくれたみんなのこと。教室のあちこちから聞こえた「あ、わかった」「なるほどね」「これどういう意味」という声。「『アシリギマン』って何？」と誰かが言うと「足利義満でしょ」と笑いながら答える声が聞こえる教室。そんなばかばかしい優しい時間を思い出し、一人ぼっちの教室で少し笑いました。そして、何よりも大切にしていた「誰一人見捨てない、みんなで伸びる学校を作ろう。」という学級訓をはずしました。私は、飾り付けのなくなったまっさらな黒板に最後の板書をしました。

『ありがとう、私は日本一幸せな先生です。』

福岡市小学校教諭　伊東　宗宏

日本全国に「『学び合い』の会」というアクティブ・ラーニングを学ぶためのサークルがあります。そこには小学校、中学校、高校の先生方が集まります。中学校、高校の先生方の教科は様々です。『学び合い』はものすごくシンプルな理論と方法で構成されている教育です。だから学校段階、教科を超えて、なんの違和感もなく授業の話ができます。

さらに、そこには保護者、子どもが参加します。企業教育に『学び合い』というアクティブ・ラーニングを取り入れている人も参加します。みんな違和感なく話せます。理由はアクティブ・ラーニングが「認知的、倫理的、社会的能力、教養、知識、経験を含めた汎用的能力の育成を図る」教育だからです。

これからの人生でみんなが獲得すべき能力だからです。

おわりに

今、文科省は学習指導要領の改訂と大学入試の二方面から、日本の教育を激変させようとしています。教師、学校、教育委員会がどんなに抵抗しようとしても、子ども、保護者が変革しない教師と学校を許しません。逃げ道がないのです。

しかし、逃げられないのなら、一歩も二歩も積極的に前に進みましょう。激流の中にもまれて何がなんだかわからなくなるより、積極的に情報収集し、積極的にアクティブ・ラーニングにトライしましょう。

もちろん、いきなり全面的に、というのを躊躇《ちゅうちょ》するかもしれません。当然です。まずは、本を読みましょう。そして、実際の生のアクティブ・ラーニングを参観しましょう。そして、試しにやってみましょう。まずは週一で結構です。ただし、そのときは中途半端にトライするのではなく、本書で紹介した通りにやりましょう。必ず結果は出ます。

まず、誌面の関係で割愛したアクティブ・ラーニングの詳細は、『アクティブ・ラーニング入門』（明治図書）、『すぐわかる！できる！アクティブ・ラーニング』（学陽書房）を参照ください。

本書は『学び合い』によるアクティブ・ラーニングをご紹介しました。しかし、『学び合い』自体の説明は誌面の関係で省略しております。『学び合い』はシンプルな理論であり、実践です。日本中の小中高大の様々な人が実践しています。そして、シンプルな理論であり、実践ですので、学校段階に関係なく一致した結果を出せます。シンプルな理論であり、実践ですので、起こるべき失敗は出尽くしており、それに対する対策も整理し尽くされています。それらは私だけではなく、日本中の何千人もの実践者の知の蓄積です。そしてそれらは書籍にまとめられています。

まず、『学び合い』のすばらしさを学びたいならば『クラスが元気になる！『学び合い』スタートブック』（学陽書房）がお勧めです。

『学び合い』のノウハウを全体的に理解したならば、『クラスがうまくいく！『学び合い』ステップアップ』（学陽書房）と『クラスと学校が幸せになる『学び合い』入門』（明治図書）をご覧ください。さらに合同『学び合い』を知りたいならば『学校が元気になる！『学び合い』ジャンプアップ』（学陽書房）をご覧ください。

子どもにそんなに任せたら、遊ぶ子が現れるのではないかと心配される方もおられると思います。当然です。確かに初期にそのような子も現れます。しかし、どのような言葉がけをすれば真面目になるかのノウハウも整理されています。そのような方は『『学び合い』を成功させる教師の言葉かけ』（東洋館出版社）、『気になる子への言葉がけ入門』（明治図書）をお読みください。手品のタネを明かせば当たり前のことによって『学び合い』が構成されていることがわかっていただけると思います。

『学び合い』では数十人、数百人の子どもを見て取ることができます。そのノウハウは『子どもたちのことが奥の奥までわかる見取り入門』（明治図書）をご覧ください。しかし、そのレベルに高めるには課題づくりのテクニックが必要となります。それは『子どもが夢中になる課題づくり入門』『簡単で確実に伸びる学力向上テクニック入門』（いずれも明治図書）に書きました。

『学び合い』のノウハウは、様々な場面でも有効です。

特別支援で『学び合い』をするためには『気になる子の指導に悩むあなたへ　学び合う特別支援教育』（東洋館出版社）、『『学び合い』で「気になる子」のいるクラスがうまくいく！』（学陽書房）、言語活動を活性化させるために『理科だからできる本当の「言語活動」』（東洋館出版社）という本を用意しました。また、ICTの『学び合い』に関しては『子どもによる子どものためのICT活用入門』（明治図書）を用意しています。

また、信州大学の三崎隆先生の『『学び合い』入門―これで、分からない子が誰もいなくなる！―』（大学教育出版）、『これだけは知っておきたい『学び合い』の基礎・基本』（学事出版）が出版されています。さらに、水落芳明先生、阿部隆幸先生の『成功する『学び合い』はここが違う！』『だから、この『学び合い』は成功する！』（いずれも学事出版）があります。また、青木幹昌先生の『成功する！『学び合い』授業の作り方』（明治図書）があります。

今、日本中に『学び合い』が広がっています。ぜひ、実際の『学び合い』の姿を見ていただきたい。日本中で『学び合い』を学ぶ人が集まる『学び合い』の会があります。また、『学び合い』の授業公開が頻繁に開かれていますので、機会を設けて参加してみてください。

二〇一五年九月　　西川　純

[著者略歴]
西川 純（にしかわ・じゅん）
1959年、東京生まれ。
1982年、筑波大学第二学群生物学類生物物理学専攻を卒業。1984年、筑波大学教育修士修了（教育学修士）。1985年、東京都高校教員。現在、上越教育大学教職大学院教授。2003年、博士（学校教育）（「巨視的時間の距離感形成に関する研究」）。科学教育研究奨励賞(日本科学教育学会)、教育研究表彰（財団法人 教育研究連合会）、理科教育研究奨励賞（日本理科教育学会）、理科教育学会賞（日本理科教育学会）受賞。
主な著書に、『気になる子への言葉がけ入門』『クラスと学校が幸せになる『学び合い』入門』『子どもが夢中になる課題づくり入門』『アクティブ・ラーニング入門』（（明治図書）、『クラスが元気になる!『学び合い』スタートブック』『クラスがうまくいく!『学び合い』ステップアップ』『学校が元気になる!『学び合い』ジャンプアップ』『すぐわかる!できる! アクティブ・ラーニング』（学陽書房）、『気になる子の指導に悩むあなたへ—学び合う特別支援教育』『理科だからできる本当の「言語活動」』『『学び合い』を成功させる教師の言葉かけ』（東洋館出版社）などがある。
http://www.iamjun.com/

高校教師のための アクティブ・ラーニング

2015（平成27）年10月 1 日 初版第1刷発行
2016（平成28）年 2 月12日 初版第4刷発行

編著者 西川 純
発行者 錦織圭之介
発行所 株式会社 東洋館出版社
〒113-0021 東京都文京区本駒込5-16-7
営業部 TEL 03-3823-9206／FAX 03-3823-9208
編集部 TEL 03-3823-9207／FAX 03-3823-9209
振替 00180-7-96823
URL http://www.toyokan.co.jp
装 幀 水戸部 功
印刷・製本 藤原印刷株式会社

ISBN978-4-491-03158-3 ／ Printed in Japan